UNTERWEGS IN DEINER

Lieblingsstadt

BONN

DIANA-ISABEL SCHEFFEN

emons:

Bibliografische Information der Deutschen Nationalbibliothek
Die Deutsche Nationalbibliothek verzeichnet diese Publikation in der Deutschen Nationalbibliografie; detaillierte bibliografische Daten sind im Internet über http://dnb.d-nb.de abrufbar.

MIX
Papier aus verantwortungsvollen Quellen
FSC® C043106

Gestaltungskonzept und Satz: Heike Kluge, Herdecke
Illustration: Heike Kluge, Herdecke
Umschlaggestaltung: Heike Kluge, Herdecke
Druck und Bindung: Grafisches Centrum Cuno, Calbe
Printed in Germany 2023
ISBN 978-3-7408-1454-0

VORWORT

»Ming Hätz is Bonn« – mein Herz schlägt für Bonn. Das gilt schon, so lange ich denken kann; in der Kindheit vielleicht noch nicht so bewusst wie heute, doch das Gefühl war immer da. Ich bin zwar im Siebengebirge aufgewachsen, viele schöne Kindheitserinnerungen verbinde ich aber mit Ausflügen in die Stadt, die damals noch Hauptstadt war. Dieses Buch transportiert meine Begeisterung, die auf dem Weg von der Kindheit ins Erwachsenenleben nichts von ihrer Intensität eingebüßt hat – im Gegenteil, bei jeder neuen Entdeckung, bei jeder neuen Bekanntschaft ist sie nur stärker geworden.

Mein Wunsch ist, dass möglichst viele Menschen Bonn mit diesem Buch neu und wiederentdecken und all die schönen Seiten und die sympathischen Menschen, die dort leben, kennenlernen. Viele von ihnen habe ich bei der Recherche für dieses Buch treffen dürfen, und ich bedanke mich für ihre Offenheit, Herzlichkeit und die Bereitschaft, mir das nahezubringen, was ihnen wichtig ist. Mit ihrem Engagement schärfen sie das Profil der Stadt, sorgen für Abwechslung und machen die Stadt noch lebenswerter. Bedanken möchte ich mich auch bei meinen Eltern Sabine und Wilhelm Scheffen, die mich bei all meinen Projekten unterstützt haben.

Nun mag sich mancher wundern, warum bekannte Sehenswürdigkeiten oder Aushängeschilder der Stadt gar nicht oder nur am Rande erwähnt werden – genau das ist das Konzept des Buches, abseits der ausgetretenen Pfade unterwegs zu sein. Besonders viel Spaß macht das gemeinsam mit einem lieben Menschen, deshalb findet dieser Aspekt immer wieder Erwähnung. Wie auch schon bei »111 Orte für Kinder in und um Bonn, die man gesehen haben muss« hat mich meine Tochter Hannah bei einigen dafür geeigneten Aktivitäten begleitet und meinen Blick für Dinge geschärft, die ich möglicherweise übersehen hätte.

Dieses Buch nun ist für alle Lieblingsmenschen, über deren Begleitung man sich freut und mit denen man unvergessliche Momente teilen möchte. Mit diesen Worten schicke ich alle Leser auf eine spannende Entdeckungsreise und wünsche sehr viel Freude dabei!

ARTIKEL 11

DES RHEINISCHEN/KÖLSCHEN GRUNDGESETZES:

»DO LAACHS DE DICH KAPOTT.«

(»DA LACHST DU DICH KAPUTT.«)

EINLADUNG ZUM AUSFÜLLEN, ABFOTOGRAFIEREN UND TEILEN

Hallo Lieblingsmensch,

ich blättere gerade durch das Buch »Bonn. Unterwegs

in deiner Lieblingsstadt« und möchte total gern

Seite ______ mit dir teilen.

Es geht um ____________________________________.

Hast du Lust?

Dann lass uns am _____________________ dort treffen.

Voller Vorfreude

____

INHALTSVERZEICHNIS
BONN

GEMEINSAM AKTIV SEIN

ARM IN ARM DIE STADT ERKUNDEN

MITEINANDER ENTSPANNEN

ZUSAMMEN KREATIV WERDEN

KÖSTLICHKEITEN TEILEN

SEITE AN SEITE KULTUR ERLEBEN

Aus Gründen der besseren Lesbarkeit wird in den Texten auf die gleichzeitige Verwendung weiblicher und männlicher Sprachformen verzichtet. Sämtliche Personenbezeichnungen gelten selbstverständlich gleichermaßen für alle Geschlechter.

MIT DEM LIEBLINGSMENSCHEN

Gemeinsam aktiv sein

ZUSAMMEN GEMÜSE ANBAUEN

GÄRTEN VON »MEINE ERNTE«

Im Frankenkeller, 53179 Bonn
ÖPNV: Haltestelle Bonn Gunterstraße
www.meine-ernte.de

Ausprobieren, ob man einen grünen Daumen hat oder ob einem das Gärtnern überhaupt Spaß macht, kann man in Bonn beispielsweise beim Urban-Gardening-Projekt »StadtFrüchtchen«. Wer nach ersten Versuchen in den dortigen Hochbeeten dann aus vollem Herzen »Ja« zum Buddeln in der Erde sagt und sich das als Freizeitbeschäftigung für eine Gartensaison oder sogar auf Dauer vorstellen kann, der ist bei »meine ernte« gut aufgehoben. In Bonn-Buschdorf und in Bonn-Mehlem können Gärten für eine Saison gemietet werden; in Bornheim auch auf Dauer. Die gute Gartengemeinschaft trägt zum positiven Garten-Erlebnis bei – und gemeinsam mit dem Lieblingsmenschen bereitet das Gärtnern bedeutend mehr Freude.

Gestartet wird mit einem großen Eröffnungsfest – hier kann man sich kennenlernen und schon erste Gartentipps austauschen. Die »alten Hasen« geben den »Grünohren« gerne Ratschläge. Gartenwerkzeug und Wasser sind vor Ort vorhanden. Man kann zwischen einem Garten von 45 und einem von 90 Quadratmetern wählen. Zu Beginn der Saison ist der Gemüsegarten schon mit über 20 Gemüsesorten bepflanzt: Kartoffeln, Zucchini, Kürbis, Bohnen, Wirsing, Kohlrabi, Möhren, Lauch – von Jahr zu Jahr variieren die angebauten Gemüsesorten. Der Landwirt achtet darauf, dass sich die nebeneinanderwachsenden Gemüsesorten miteinander vertragen. Sollte etwas dabei sein, das man nicht mag, freut sich vielleicht der Gartennachbar darüber. Bei solchen Tauschgeschäften ist schon so manche Freundschaft entstanden. Es

kann aber auch gut sein, dass man hier eine Gemüsesorte kennenlernt, die man bisher konsequent ignoriert hat – und nun stellt man erstaunt fest, dass sie das Potenzial zum neuen Lieblingsgemüse hat!

Lustig sind auch die Rätselspiele der »Grünohren« – was verbirgt sich bloß hinter diesem kleinen Gewächs? Wird es unter- oder oberirdisch Früchte tragen? Helfen kann da die Übersicht am Bauwagen. Dort steht, in welcher Reihe der Landwirt was eingepflanzt hat. Auch der Unterschied zwischen Gemüsepflanzen und Unkraut ist nicht für jeden sofort ersichtlich. Kleiner Tipp: Das Unkraut wächst in den meisten Fällen schneller als das Gemüse! Die gemeinsame Aufgabe ist es nun, die Pflänzchen zu wässern und von Unkraut freizuhalten. Das sollte man von Anfang an nachhalten – fängt man zu spät an, das Unkraut zu jäten, kann es einem leicht über den Kopf wachsen. Nach einer kurzen Startphase kann fast ununterbrochen geerntet werden. Damit kommt man dem Traum vom Selbstversorger ein großes Stück näher. Man kann sicher sein, dass hier nicht mit schädlichen Düngemitteln gearbeitet wird; es sind nur natürliche Dünger wie beispielsweise Kaffeesatz erlaubt.

Nach einer Saison bei »meine ernte« sind die Begriffe regional und saisonal keine leeren Worthülsen mehr, sondern mit Bedeutung gefüllt. Nun kauft man Gemüse auch im Geschäft bewusster ein. Und damit haben die Gründerinnen von »meine ernte« ein wichtiges Ziel erreicht – das Bewusstsein für gute und gesunde Nahrungsmittel zu schärfen, die im Einklang mit der Umwelt angebaut werden. Bei der letzten Ernte der Gartensaison blickt man zusammen stolz auf ein erfolgreiches Gartenjahr zurück und feiert die neu geknüpften Kontakte und das noch engere Band, das einen nun mit dem Lieblingsmenschen verbindet.

EINE AUSWAHL VON UNVERPACKT-LÄDEN IN BONN

➤ **Nishas Grocery**
Adenauerallee 54
53113 Bonn

➤ **Freikost Deinet**
Rochusstraße 266
53123 Bonn

➤ **OAT REBELS** – liebe(r) unverpackt
Burbacher Straße 207–209
53129 Bonn

➤ **LiMa's fairpackte Welt**
Obere Wilhelmstraße 30
53225 Bonn

BEIM PERSONAL TRAINING SCHWITZEN

YOUR COACH

In der Raste 3, 53129 Bonn
www.yourcoach-bonn.com
ÖPNV: Haltestelle Bonn Ollenhauerstraße

Er lockt. Er verführt. Er lässt seinen Charme spielen. Doch er lockt einen nicht vor die Tür. Er verführt nicht zu Aktivität. Und der Charme, den er versprüht, ist im besten Falle fragwürdig. Doch jeder kennt ihn, und jeder hat ihn. Die Rede ist vom »inneren Schweinehund«. In Bonn steht sogar einer aus Beton. Der dänische Bildhauer Jens Galschiøt hat ihn gefertigt.

Den eigenen inneren Schweinehund zu überwinden erfordert Willensstärke. Möchte man es dem mit einer Chipstüte auf dem Sofa liegenden Gesellen mal so richtig zeigen, dann ist man bei Daphne Siouzios an der richtigen Adresse. Ein Personal Training bei ihr ist eine tolle Aktivität, die man zusammen mit dem Lieblingsmenschen ausüben kann. Sport macht gemeinsam noch mehr Spaß, und die Freude, die man danach verspürt, kann sofort geteilt werden und sich dadurch verdoppeln.

Daphne selbst sprüht nur so vor Motivation. Zumindest sie scheint die unheimliche Mischung aus Schwein und Hund nicht zu kennen. Natürlich stimmt das nicht. Auch sie hat sich schon zurückkämpfen müssen, nach zahlreichen Verletzungen. Doch genau diese Erfahrung macht aus ihr eine gute Ratgeberin auch bei Schmerzerfahrungen. Ihre Kunden mental zu stärken ist ihr ebenso ein Anliegen, wie sich – fachlich kompetent, direkt und sehr sympathisch – um deren körperliche Fitness zu kümmern. Auch wer eine einmalige Aktivität, wie beispielsweise einen Junggesellinnenabschied oder einen sportlichen Familientag, mit ihr planen möchte, ist herzlich dazu eingeladen.

POWER-XTREME

ZUSAMMEN AUS DEM LABYRINTH FINDEN

LABYRINTH RHEINAUE

Martin-Luther-King-Straße 40, 53175 Bonn
www.verlaufen.com
ÖPNV: Haltestelle Bonn Rheinaue

Wie funktioniert es mit dem Lieblingsmenschen als Team? Wie harmonisch ist die gemeinsame Problemlösungsstrategie? Das kann man im Labyrinth in der Rheinaue herausfinden. Auf Umwegen gelangt man zum Ziel beziehungsweise zur Aussichtsplattform in der Mitte. Von hier oben darf man dann die Anstrengungen der anderen Umherirrenden beobachten. Außerdem bietet sich ein schöner Ausblick auf Teile der Rheinaue.

Das größte mobile Labyrinth der Welt feierte im Jahr 2020 seinen 20. Geburtstag. Ein kurzer Schreckmoment trübte die Feierfreude; es kursierten Meldungen, dass es seinen Platz räumen müsse. Zum Glück klärte sich dieses Missverständnis, und so stehen die Chancen gut, dass es noch viele weitere Jahre ein Publikumsmagnet bleiben darf.

Wic kommt man auf die Idee, ein so großes mobiles Labyrinth aufzustellen und damit besonders auch Kindern Freude zu bereiten? Die Idee stammt, passenderweise, von einem Kind, nämlich vom ältesten Sohn des Betreibers. »Was ist ein Labyrinth?«, fragte er eines Tages seinen Vater. Der erklärte es ihm, und fortan ließen die Gedanken daran den Jungen nicht mehr los.

Er begann mit einer Zeichnung, bastelte anschließend eines und krönte seine Begeisterung mit einem im Garten aus Bohnenstangen und Plastikfolie gebauten Irrgarten. Die Euphorie des Kindes übertrug sich auf den Vater, eins kam zum anderen, und schließlich stand das Labyrinth mitten in der Rheinaue. Vom ersten Tag an war es ein Anziehungspunkt für viele Kinder – aber auch die Erwachsenen haben Spaß bei der Suche nach dem richtigen Weg.

ZWISCHEN APFELBLÜTEN RAD FAHREN

DIE RHEINISCHE APFELROUTE

www.apfelroute.nrw

Gemeinsam entlang eines Meeres aus Apfelblüten und später im Jahr aus Äpfeln radeln, vorbei an den einladend aussehenden Hofläden und Cafés mit ihren verlockenden Angeboten, die von selbst gebackenem Apfelkuchen über erntefrisch gepflücktes Obst und frisch gepressten Obstsaft reichen. Da muss man sich mit seiner Begleitung nur noch darüber einig werden, wo man gerne einkehren möchte.

Drei Millionen Apfelbäume sollen es entlang der rheinischen Apfelroute sein – wer hat die wohl alle gezählt? Und wie viele Apfelblüten und Äpfel werden es erst sein? Der 124 Kilometer lange Themenradweg führt durch die größte Obst- und Gemüseanbauregion Nordrhein-Westfalens und die drittgrößte Deutschlands, vorbei an zahlreichen Burgen, Schlössern, Erlebnisstationen, Rastmöglichkeiten und Spielplätzen. Es gibt eine Hauptroute, die durch sechs Kommunen führt. Nebenrouten, sogenannte Schleifen, laden zur intensiveren Erkundung der einzelnen Gemeinden ein.

Bei der Gestaltung der interaktiven Erlebnisstationen wurden die Einwohner mit einbezogen. Es werden Themen aufgegriffen, für die die jeweilige Kommune besonders bekannt ist und womit sie sich identifiziert. In Alfter wurden beispielsweise Erlebnisstationen zur Streuobstwiese und zur Wildbiene entwickelt, in Meckenheim zur Formenvielfalt im Obstbau. Viele der Erlebnisstationen haben bewegliche Elemente; besonders Kinder werden so angesprochen und animiert, mehr über ihre Heimat zu lernen. Um dieses schöne Angebot möglich zu machen, wurde der eingetragene Verein Rhein-Voreifel Touristik gegründet, der sich seither engagiert um die Weiterentwicklung des Projektes kümmert.

WIE EIN AKROBAT DURCH DIE LÜFTE SCHWEBEN

POLESTRUCTIONS

Auguststraße 8, 53229 Bonn
www.polestructions.com
ÖPNV: Haltestelle Bahnhof Bonn-Beuel

Noch nie von »Twisted Grip«, »Brass Monkey«, »Invert« oder »Shouldermount« gehört? Dann wird es Zeit für eine Probestunde bei einem der größten Studios für Luftakrobatik weltweit. Dieses befindet sich im Herzen von Bonn-Beuel, in den Räumlichkeiten einer ehemaligen Tapetenfabrik. Die Suche nach einer geeigneten Immobilie gestaltete sich für Inhaberin Jenny Sittel schweißtreibender als ihre Sportübungen, sodass sie in ihrer Verzweiflung sogar den Bürgermeister anschrieb und um Rat bat. Eine gute Idee, wie sich herausstellte – er machte sie auf die Tapetenfabrik aufmerksam und sorgte damit für gleich mehrere Luftsprünge. Bis dato leer stehend und provisorisch als Künstlergalerie genutzt, verwandelte sich die Fabrikhalle in einen über 800 Quadratmeter großen Spielplatz für alle, die Zirkusakrobatik erlernen möchten.

Voraussetzungen, um Aerial Silk, Aerial Hoop oder auch Pole Fitness zu erlernen, gibt es keine. Das Motto lautet: Alle können Luftakrobatik erlernen und werden im jeweiligen Level entsprechend gefördert. Alter, Geschlecht und Gewicht spielen keine Rolle. In den Probestunden übt man die ersten Klettertechniken, Drehungen, Griffe, Kraftübungen und Bewegungsabläufe. Wer Gefallen an dem faszinierenden und abwechslungsreichen Sport findet, kann zwischen Abonnements, Kartensystemen und Einzelstunden wählen. Es ist noch kein Meister vom Himmel gefallen: Wenn man als Mitglied während des Trainings zugerufen bekommt: »Spitze!«, sollte man sich nicht zu früh freuen – denn es bedeutet meist nur, dass man die Füße strecken soll.

»7 AUF EINEN STREICH« WANDERN

SIEBENGEBIRGE

Wer durch eine Allee mitten im Wald geschritten ist, wer Saft aus den Äpfeln der Streuobstwiese beim Löwenburger Hof probiert hat, wer beim verwunschenen Ölbergsee war, wer die Ginsterblüte am Stenzelberg gesehen hat, wer einen Sonnenuntergang auf dem Ölberg erleben durfte, wer im Einkehrhaus Waidmannsruh »Döppekooche« und »Prummetaat« genossen hat, wer über die hiesige »Seufzerbrücke« gegangen ist, wer durch das »Kölner Fenster« geschaut hat, wer unterhalb der Löwenburg auf eine Schafherde getroffen ist, wer einem Ortsfremden erklärt hat, was der »Drei-Seen-Blick« ist, wer auf der Siegfriedkanzel gestanden und danach einem sprechenden Drachen zugehört hat – der kennt zwar bei Weitem noch nicht alle Attraktionen des Siebengebirges, doch er hat sicher ein Gefühl für dieses wunderschöne Fleckchen Erde entwickelt.

Von zahlreichen Stellen im Siebengebirge hat man einen wunderbaren Blick auf die Lieblingsstadt Bonn. Gleich mehrmals an einem Tag kann man ihn von unterschiedlichen Höhe-Punkten genießen – und zwar bei der Wanderung »7 auf einen Streich«. Seit 1971 organisiert der Skiclub Bad Honnef jedes Jahr im Mai diese Volkswanderung. Selbstverständlich kann man den Weg auch an jedem anderen Tag des Jahres gehen; dann muss man allerdings auf die Medaille verzichten. Die Route lässt sich beliebig abwandeln und verkürzen, es müssen ja nicht immer die kompletten 26 Kilometer sein. Eine Karte findet man auf der Seite des Skiclubs Bad Honnef. Sich gemeinsam auf den Weg zu machen ist nicht nur schöner, sondern auch sicherer.

BAUCHKRIBBELN BEIM BOULDERN FÜHLEN

BOULDERS HABITAT BEUEL

Paulusstraße 22a, 53227 Bonn
www.bouldershabitat.de
ÖPNV: Haltestelle Bahnhof Bonn-Beuel

Das Toprope-Klettern ist eine gesellige Angelegenheit, die mindestens zweier Personen bedarf. Einer sichert und der andere klettert – das bricht es aber nur auf das absolute Minimum herunter. In Wirklichkeit steckt viel mehr dahinter – Vertrauen zum Kletterpartner, die Bereitschaft, voneinander zu lernen, von einer anderen Perspektive zu profitieren, Tipps zu geben und zu erhalten. Sich anzufeuern und zu ermutigen: Das kann das letzte Quentchen sein, welches noch zum Erfolg fehlte.

Wer nun denkt, dass Bouldern im Gegensatz zum Seilklettern eine einsame Angelegenheit sei, der irrt. Bouldern, das Klettern in Absprunghöhe ohne Sicherungssystem, kann man zwar allein ausführen, der Regelfall ist das aber nicht. Auch in einer reinen Boulderhalle sieht man viele Paare oder Grüppchen. Zudem werden rasch Kontakte geknüpft, das Gemeinschaftsgefühl ist bei dieser Sportart sehr stark ausgeprägt. Sogar bei Wettkämpfen kann man beobachten, wie sich Kontrahenten gegenseitig Tipps geben und wie sie sich für den anderen freuen, wenn ihm ein besonders schwieriger Zug gelungen ist.

Das Boulders Habitat gibt es inzwischen zweimal in Bonn, einmal im Bonner Norden und einmal in Beuel. Die Halle in Beuel wurde 2018 eröffnet. Der große, helle Eingangsbereich mit vielen Pflanzen, Sofaecken, Ablagefächern in Bienenwaben-Optik, einem Bücher-Tauschregal und Lampen im Industrie-Chic wirkt sehr einladend. Links und rechts davon zweigen die Hallen ab.

Es gibt einen großen Bereich für Kinder und Jugendliche. Hier findet auch der Lions Kids Cup statt, einer der größten Wettkämpfe für Heranwachsende zwischen sechs und 14 Jahren in Nordrhein-Westfalen. Kindergeburtstage können hier ebenfalls gefeiert werden.

Langweilig wird diese Sportart nie, zumal häufig neue Routen in verschiedenen Schwierigkeitsgraden geschraubt werden. Immer wieder können so neue Bewegungsabläufe trainiert werden. Neben dem sozialen Aspekt ist Bouldern ein Training für Körper und Geist. Nicht die Kraft steht im Vordergrund, sondern die Technik. Ein Mangel an Muskelkraft kann mit einer sehr guten Technik bis zu einem gewissen Punkt kompensiert werden. Um diese Technik zu erlernen, werden im Boulders Habitat verschiedene Kurse angeboten. Häufig ist man selbst überrascht, was man mit kleinen Änderungen der Körperhaltung bewirken kann. Hinzu kommt, dass auch der Kopf beansprucht wird. Schon vor dem Einstieg in die Route plant man, welche Griffe und Tritte man wie benutzen wird. In der Route stellt man dann vielleicht fest, dass die Planung an manchen Stellen angepasst werden muss, und klettert die Route beim nächsten Mal anders.

In einem extra abgetrennten Bereich, der ab 14 Jahren zugänglich ist, hängen unter anderem ein Moonboard und ein Campusboard. Ein Moonboard ist eine weltweit einheitliche Boulderwand, bei der Griffauswahl, Ausrichtung der Griffe und Neigung der Wand vorgegeben sind. Mithilfe einer App kann man seinen Klettererfolg dokumentieren und sich mit anderen messen. Ein Campusboard ist ein Trainingsgerät für Oberkörper- und Fingerkraft. Nach der Trainingseinheit kann man sich gemeinsam mit seinem Lieblingsboulderpartner im Gastro-Bereich mit sehr gutem Kaffee und einer kleinen Auswahl an Speisen in Bioqualität stärken.

WEITERE WANDER- UND LAUFERLEBNISSE IM SIEBENGEBIRGE

➤ Der **Löwenburglauf** ist ein anspruchsvoller Lauf – auf 15 Kilometern gilt es, 400 Höhenmeter zu überwinden. Vom Start am Lemmerzbad geht es bis zum Restaurant Löwenburger Hof ins Siebengebirge hoch. Nach einer Umrundung der Löwenburg führt die Strecke am Milchhäuschen vorbei wieder zurück zum Lemmerzbad, in dem sich alle Starter danach ausschwimmen können.

➤ Der **Drachenlauf** ist ebenfalls herausfordernd und sollte nur nach ausgiebigem Training angegangen werden.

➤ Ein großer Spaß ist jedes Jahr **»Le Petit Médoc«**. Das Motto: »Laufen wie Gott in Frankreich … aber mit rheinischem Flair«. Hier läuft man in den verrücktesten Verkleidungen durch die Königswinterer Weinberge. Die flüssige Streckenverpflegung besteht aus Wein und Traubensaft. Nach dem Lauf wird mit Musik, Käse, Baguette und Wein gefeiert. Jeder kostümierte Teilnehmer erhält eine Flasche Wein.

DIE EIGENEN FAHRKÜNSTE ERPROBEN

CRAWLER-PARK GAMMERSBACHER MÜHLE

Gammersbacher Mühle 1, 53797 Lohmar
www.gammersbacher-muehle.de
ÖPNV: Haltestelle Lohmar Muchensiefen

Ein bronzener Elefant, der auf Knopfdruck in hohem Bogen Wasser aus seinem Rüssel spritzen lässt. Ein Skelett, das aus einem Pickup grüßt. Eine Miniatur-Eisenbahnlandschaft in einer Scheune. Kutschen und Planwagen, die für Ausfahrten gemietet werden können. Pfaue, die frei auf dem Gelände umherspazieren. Ein rustikaler Steinofen, in dem köstliches Brot gebacken wird. Minipferde, Wallabys und Streifenhörnchen. Ein Bach, der lustig plätschernd zur Mühle führt und schließlich unter dem funktionstüchtigen Mühlrad verschwindet: Kulisse für zahlreiche Film- und Fernsehproduktionen. Diese Beschreibung zeichnet nur einen kleinen Teil des Bildes, das sich bietet, wenn man die Gammersbacher Mühle in Lohmar besucht.

Etwa eine halbe Autostunde von Bonn entfernt findet man dieses mit Skurrilitäten bestückte Kleinod, drei wunderschöne Wanderwege verlaufen ringsherum. Und als ob das nicht schon genügend Attraktionen wären, gibt es seit 2021 nun auch einen Crawler-Park, direkt bei der Mühle, an einem Hang mitten im Wald. Hier wurden mit viel Kreativität herausfordernde Strecken für ferngesteuerte Fahrzeuge gebaut. Jeden Sonntag zwischen 11 und 17 Uhr kann man einen Rock Crawler ausleihen und ihn Brücken überqueren lassen, über Steinhügel manövrieren und den steilen Hang hinauf- oder hinuntersteuern. Währenddessen hört man Spechte klopfen und atmet die frische Waldluft ein. Im Anschluss kann man den Tag bei leckerem Essen oder einer Runde Bogenschießen ausklingen lassen.

TRAXXAS

BEI »SPORT IM PARK« KALORIEN VERBRENNEN

SSB BONN

www.ssb-bonn.de

Die Skulptur »Mein innerer Schweinehund« befindet sich in Sichtweite des von den Bonnern despektierlich so genannten »Pommes-Kreisels«. In Wirklichkeit heißt das inmitten eines Trajektkreisels aufgestellte Kunstwerk »ARC '89«. Ein Schelm, der frittierte Kalorienbomben und den trägen Faulpelz miteinander in Verbindung bringen würde. Zum Glück hat man in Bonn die Möglichkeit, deftiges Essen ganz ungekünstelt abzutrainieren. Der um Ausreden nie verlegene lethargische Phlegmatiker wird es bei diesem Angebot schwer haben, Argumente gegen sportliche Aktivitäten zu finden.

Zu teuer? In der Sporthalle ist es stickig? Die Sportart, die man ausüben möchte, findet nur an einem bestimmten Tag in der Woche statt und da hat man andere Verpflichtungen? Der Trainingsort ist zu weit entfernt? Es gibt zu wenig Vielfalt im Sportangebot? All diese Argumente gelten bei »Sport im Park« nicht – denn das Angebot ist kostenlos, findet von Montag bis Freitag jeweils von 18:30 bis 19:30 Uhr an verschiedenen Orten im Freien statt, und es werden so viele unterschiedliche Sportarten angeboten, dass für jeden etwas dabei sein dürfte.

Eine Bonner Besonderheit sind die schönen Standorte, fair aufgeteilt auf die vier Stadtbezirke. Im Hofgarten oder auf der Wiese am Alten Zoll, in Beuel mit Blick auf den Rhein, in Duisdorf oder im Bad Godesberger Kurpark – hier schwitzt man in schönster Umgebung. Zwei der Angebote finden in Schwimmbädern statt; hier ist lediglich der Schwimmbadeintritt zu entrichten. »Sport im Park« findet jedes Jahr in den Sommermonaten statt, von Mai bis September.

ALS TEAM DEN DREI-BRÜCKEN-LAUF SCHAFFEN

SÜD-, NORD-, KENNEDYBRÜCKE

Alle Infos und Anmeldung unter www.drei-bruecken-lauf.de

Laufend neue Eindrücke von der Lieblingsstadt gewinnen – das gelingt spielend leicht beim Drei-Brücken-Lauf, einer Benefiz-Veranstaltung zugunsten der Deutschen KinderKrebshilfe, die jedes Jahr an einem Sonntag im Oktober stattfindet. Für Laufanfänger ist die Strecke über zehn Kilometer geeignet. Um die große Runde über 30 Kilometer zu schaffen, sollte man das ganze Jahr über trainieren. Besonders motivierend ist das in netter Gesellschaft. Nicht umsonst lautet das Motto »Laufen mit Freu(n)den auf der schönsten Laufstrecke Bonns!«.

Die Strecke wird auch deshalb so vollmundig gelobt, weil sie die meiste Zeit ohne nennenswerte Steigungen direkt am Rhein entlangführt. Insbesondere von den Brücken bieten sich traumhafte Ausblicke. Das ist aber keineswegs schon alles, was diesen Lauf von anderen Veranstaltungen dieser Art abhebt. Die Hälfte des Startgeldes wird zugunsten der Deutschen KinderKrebshilfe verwendet. Darüber hinaus kann zusätzlich gespendet werden. Über die Jahre ist so eine ansehnliche Summe zusammengekommen.

Seit 1983 gibt es die familienfreundliche Veranstaltung, die von Beginn an vom TuS Pützchen 05 e.V. organisiert wird. Alle Helfer engagieren sich ehrenamtlich und haben viel Spaß dabei – der älteste Streckenposten ist beinahe 90 Jahre alt. Wer das Beethoven-Orchester nicht nur spielen hören, sondern auch mal laufen sehen möchte, hat hier Gelegenheit dazu. In einer ganz anderen Disziplin, die – bei ehrgeiziger Herangehensweise – durchaus aber auch Kalorien verbrennen kann, wird darum gewetteifert, wer die meisten leckeren Kuchen für die Kuchentheke backen kann.

SÄMTLICHE FLUGHÄFEN DER WELT ANSTEUERN

FLUGSIMULATOR YOUFLY

Flugplatz Bonn-Hangelar, Richthofenstraße 124, 53757 Sankt Augustin
www.youfly.de
ÖPNV: Haltestelle Sankt Augustin Hangelar Mitte

Einmal Pilot sein und die Lieblingsstadt von oben betrachten? Und das ganz ohne jahrelange Ausbildung und bestandene Pilotenprüfung! Dieses Erlebnis wird im Flugsimulator von »YOUfly« in Sankt Augustin, direkt am Flugplatz in Hangelar, möglich. In einem originalgetreuen Cockpit eines Airbus A320 mit echten Cockpit-Elementen bedient man nach einer Einführung selbstständig die allesamt funktionsfähigen Hebel und Schalter. Es blinkt und surrt: Die Geräuschkulisse entspricht ebenfalls genau der im realen Flugbetrieb, und wer schon einmal geflogen ist, der wird allein schon durch den Wiedererkennungswert Freude und einen ersten Adrenalinschub erleben.

Das 3-D-Flugerlebnis ist so realistisch, dass man gleichsam die Verantwortung spürt, die der Pilot eines Passagierflugzeugs bei jedem Flug empfinden muss. Über drei Beamer wird ein hochauflösendes Bild auf die Leinwand vor dem Cockpit produziert. Auch die Ansichten aus den Seitenfenstern sind realitätsgetreu, und so ergibt sich ein 210-Grad-Panorama. Zu Beginn müssen die Triebwerke gestartet werden. Auf dem Flughafen der Wahl wird dann zur Startbahn gerollt, und das Flugzeug muss in die richtige Position für den Start gebracht werden. Man lernt, einige der Anzeigen zu interpretieren, beispielsweise die Position des Flugzeugs zum Horizont, den Höhen- und Geschwindigkeitsmesser.

Bei der Beschleunigung auf der Startbahn und beim anschließenden Abheben entsteht das Kribbeln im Bauch, das man auch bei

einem echten Flug verspürt. Immer kleiner werden Häuser, Bäume und Straßen und je nach voreingestellter Wetterlage empfängt einen strahlender Sonnenschein oder eine dichte Wolkendecke. Nun ist es einem freigestellt, ob man mehrmals über der Lieblingsstadt kreisen

oder sich auf den Weg zu einer anderen Stadt oder sogar in ein anderes Land begeben möchte. Das von neun Rechnern betriebene Programm ist so umfangreich, dass selbst Vielflieger nur einen kleinen Teil davon kennen. Man kann sämtliche Flughäfen der Welt anfliegen und sich und sein neu erworbenes fliegerisches Können durch ihre jeweiligen Besonderheiten herausfordern: Einmal in Innsbruck zwischen Bergmassiven landen oder auf dem Flughafen, der als einer der anspruchsvollsten der Welt gilt, auf Madeira?

Begleitet wird das Flugerlebnis immer von gut geschulten Flug-Instruktoren. Wie im echten Leben gibt es auch hier einen Platz für den Piloten und einen für den Co-Piloten. Es bietet sich also an, einen lieben Menschen mitzubringen und mit ihm gemeinsam abzuheben. Auf Wolke sieben schweben kann hier ganz wörtlich genommen werden, denn es gab sogar schon Heiratsanträge im Flugsimulator! Wer »Ja« gesagt hat und wen die Flugbegeisterung gepackt hat, der kann gleich seinen Junggesellenabschied im Flugsimulator feiern. Auch Geburtstags- und Betriebsfeiern sind möglich, geplant wird individuell nach Absprache. Film und Fernsehen haben den Flugsimulator bereits für sich entdeckt, sogar ein Musikvideo wurde schon in dem Cockpit gedreht. Gerade für größere Gruppen ist es praktisch, dass an das Cockpit eine originale Airbus-Kabine mit einigen Sitzen anschließt. Hier dürfen auch Speisen und Getränke konsumiert werden.

ANDERE BESONDERE LAUFVERANSTALTUNGEN IN BONN

➔ **Bonner Nikolauslauf** (und Bonner Nikoläuschenlauf für Grundschulkinder über 900 Meter) in der Rheinaue: Pro Läufer fließen zwei Euro an Bunter Kreis Rheinland e.V., der Lauf wird von »Bonn läuft! e.V.« organisiert.

➔ **Bonner Nachtlauf,** ebenfalls organisiert von »Bonn läuft! e.V.«: Hier werden Sportinitiativen in der Stadt Bonn unterstützt. Pro Läufer fließen jedes Jahr zwei Euro in Kinder-Bewegungsinitiativen des Stadtsportbunds Bonn und direkt in den Bonner Vereinssport.

➔ Beim **#ZeroHungerRun** werden ebenfalls Spenden gesammelt.

MITEINANDER HINDERNISSE ÜBERWINDEN

PARKOUR

Hochschulsport der Universität Bonn, Römerstraße 164, 53117 Bonn
www.sport.uni-bonn.de
ÖPNV: Haltestelle Bonn Pädagogische Fakultät

»Ich packe meinen Koffer und nehme mit … einen ›Kong‹!« Dieser Sprung, auch Katzensprung genannt, ist eine der bekanntesten Überwindungstechniken bei der Sportart Parkour. Bei dem Spiel können die verschiedensten Geschicklichkeitsübungen miteinander kombiniert werden, jeder Sportler trägt eine Idee bei. Aneinandergereiht ergibt sich eine spannende Mischung aus den verschiedensten Bewegungsabläufen.

Beim Parkour wird versucht, sich ohne Hilfsmittel effektiv und effizient von einem Ort zu einem anderen zu bewegen – und zwar über Hindernisse wie Mauern, Treppen und Geländer hinweg. Beim Hochschulsport der Uni Bonn wird Parkour in der Halle trainiert, die Hindernisse sind hier Kästen, Pferd und Schwebebalken. Die Übungen in der Halle sind die Vorbereitung auf den Einsatz der erlernten Techniken im urbanen Raum. Längst geht es aber nicht mehr nur um das Erreichen des Ziels, der Spaßfaktor spielt eine wichtige Rolle. Der Physikstudent Tim Leffke hat Parkour beim Bonner Hochschulsport eingeführt und unterrichtet Anfänger- und Fortgeschrittenenkurse. An den Kursen dürfen auch Externe teilnehmen.

Ähnlich wie beim Sportklettern kann man beim Parkour von den Hinweisen eines Trainers oder Partners profitieren; jeder hat es aber selbst in der Hand, wie weit er bei dieser Sportart kommt. Dabei ist die mentale Komponente extrem wichtig, es findet eine stetige Auseinandersetzung mit den eigenen Grenzen statt. Vor der Überwindung des Hindernisses steht die Überwindung der Barriere im eigenen Kopf. Dieser Schritt ist essenziell, um Erfolge erzielen zu können. Daher ist es schön, diese Sportart gemeinsam auszuüben, um sich gegenseitig zu motivieren und zusammen kreative Lösungsansätze zu finden.

GEMEINSAM LUFTSPRÜNGE MACHEN

SPRUNG.RAUM TRAMPOLINPARK

Junkersring 28, 53844 Troisdorf
www.sprungraum.de
ÖPNV: Haltestelle Troisdorf Junkersring West

Schon bei Kindern funktioniert er ausgezeichnet – der Hüpfburg-Glückseffekt. Auf etwas größerem Areal – etwa 6.000 Quadratmeter – wird auch das Glücksgefühl noch potenziert, und die Hüpfburg ist hier in einer für Erwachsene attraktiven Größe verfügbar. Der eigens für Hüpfglück-Zwecke in Troisdorf gebaute Trampolinpark bietet darüber hinaus zahlreiche andere Attraktionen. Wie von Sprungbrettern im Schwimmbad kann man sich aus verschiedenen Höhen auf ein riesiges Luftkissen fallen lassen. Aus dem mit weichen Würfeln gefüllten Becken kommt man nach dem Sprung hinein gar nicht mehr so leicht heraus – eine echte Herausforderung für die (Lach-)Muskeln!

Ob man auf der riesigen Trampolinlandschaft von einem Trampolin zum anderen hüpft oder sich an den höchsten und anspruchsvollsten Sprüngen auf den Profi-Trampolinen versucht – man weiß nicht, wie viel Spaß es macht, bis man es ausprobiert hat. Es gibt wenige Garanten für gute Laune wie diese – mit sofortiger Wirkung. Für manche der Attraktionen braucht es ein bisschen Mut; umso schöner ist das Gefühl hinterher, wenn man sich getraut hat.

In verschiedenen Kursen können Techniken erlernt werden, von einfach bis anspruchsvoll. Vom höher gelegenen Gastronomiebereich aus kann man die Halle überblicken und bei Pizza oder Salat die waghalsigen Experimente der anderen Springer bewundern. Zum krönenden Abschluss lockt die Fahrt mit der einzigen sich innerhalb eines Gebäudes befindlichen Seilbahn Deutschlands.

SPRUNG
SPRUNG RAUM
SPRUNG

VOR GESPENSTERBUCHEN ERSCHAUERN

KOTTENFORST

An der Waldau 50, 53127 Bonn
ÖPNV: Haltestelle Bonn Waldau

Gleich Wurzelmännern oder Waldgeistern – jedenfalls regelrecht gespenstisch – so erscheinen die betagten Bäume nicht nur im Dämmerlicht. Besonders im Halbdunkel nehmen die – auch Gespensterbuchen genannten – Kopfbuchen im Kottenforst die Gestalt an, die man ihnen in der eigenen Phantasie zuschreibt. Auch bei Nebel verschwimmen Stamm, Äste und Blätter zu bizarren Figuren, die Anmutung ist geisterhaft, und man kuschelt sich nur zu gerne an den Menschen, der einem der allerliebste ist. Ein verwunschener Spaziergang – dazu angetan, in aller Stille die Gegenwart des anderen zu spüren.

In die Betrachtung ist Wehmut gemischt; denn obgleich die Bäume so imposant wirken, kann das ausgeprägte Kronenwachstum zu einem unsicheren Stand führen. Diese Bäume müssen stark beschnitten oder sogar gefällt werden. Das bedeutet dann nicht nur den Verlust eines Baumes, es ist der Verlust eines Zeugnisses einer historischen Waldnutzungsform. Das auffällige Wachstum der Bäume entstand, indem die Äste oberhalb der Reichweite des Weideviehs gekappt wurden. Auch wenn ihnen die schwere Krone also nicht zum Verhängnis wird, irgendwann ist ihr Lebenszyklus doch an seinem Ende angelangt, und der Kopfbuchenwald wird verschwinden.

Ihre Baumhöhlen bieten spezielle Lebensräume für seltene und sogar für in ihrem Bestand bedrohte Tierarten. Dazu zählen beispielsweise Steinkauz, Fledermäuse und verschiedene Bienenarten. Als ökologisch besonders wertvolle Bäume sind sie Teil des Bonner Wegs der Artenvielfalt.

SICH FALLEN LASSEN UND AUFGEFANGEN WERDEN

AERIAL YOGA

Kessenicher Straße 228, 53129 Bonn
www.yoganjuly.com
ÖPNV: Haltestelle Bonn Droste-Hülshoff-Straße

Wie mag sich ein Embryo im Mutterleib fühlen? Alle Menschen haben es erlebt, doch wir erinnern uns höchstens unterbewusst oder entwickeln eine vage Vorstellung davon, wenn wir uns mit dem Gedanken beschäftigen. Mutter und Kind – das ist eine der engsten Verbindungen zweier Menschen, die man sich vorstellen kann. Vollständig eingehüllt in ein Aerial-Yoga-Tuch kommt man diesem geborgenen Zustand im Mutterleib nahe. Die fröhlich-bunten Tücher sind jeweils an zwei Punkten an der Decke befestigt und ermöglichen die Ausführung verschiedenster Übungen, in der ganzen Bandbreite von ruhig und entspannend zu aktiv und vitalisierend. Für die Ausübung der sportlicheren Übungen, gerade für die, bei denen man sich in einer Umkehrhaltung befindet, sollte man schwindelfrei sein. Schwangere und Menschen mit hohem Blutdruck sollten eine andere Yoga-Variante wählen.

Anjuly Rudolph ist eine wunderbare Yoga-Lehrerin, die einen zum Schweben bringt und einen auch dazu ermutigt, seine Grenzen auszuloten. Gerade als Anfänger kann man Bedenken bekommen, ob man sich tatsächlich fallen lassen sollte und das Tuch einen hält. Anjuly vermittelt Sicherheit und die Zuversicht, dass man es sich zutrauen kann. Sie unterrichtet auch viele andere Yoga-Stile und tut das so authentisch, weil Yoga sie und ihre Familie schon ihr ganzes Leben lang begleitet. Für sie ist Yoga eine Lebenseinstellung, keine bloße Aneinanderreihung von Übungen. Sie unterrichtet Yoga als ganz-

heitliches Konzept, die Wechselbeziehung Körper–Seele hat sie dabei immer im Blick.

Anjuly ist in Indien aufgewachsen und hat mehrere Jahre in Syrien, Uganda, Tunesien und Burundi gelebt. In Deutschland hat sie ihr Zuhause gefunden und in Bonn-Dottendorf ihr eigenes Yoga-Studio, »Yoganjuly«, eröffnet. In allen Ländern, in denen sie gelebt hat, hat sie die Sprachen gelernt und sich mit der jeweiligen Kultur beschäftigt. Als Lebensberaterin und auch als Yoga-Lehrerin kann sie daher auf einen reichen Erfahrungsschatz zurückgreifen. Bei ihren Kursen orientiert sie sich stets an den Bedürfnissen der Teilnehmer. Es ist möglich, individuelle Termine mit ihr zu vereinbaren, und ihre verschiedenen Kompetenzbereiche dabei zu verbinden. Sei es Meditation, Hypnose-Coaching oder eine Beratung zu ayurvedischer Ernährung, bei ihr findet man Fachwissen in all diesen Bereichen. Aerial Yoga in ihren Räumlichkeiten kann auch für besondere Veranstaltungen wie Geburtstage oder Firmenfeiern gebucht werden.

In dem Tuch kann man beispielsweise schaukeln und wippen – beides Begriffe, die man aus der Kindheit, vom Spielplatz her kennt. Meist hat man positive Assoziationen dazu, und so verwundert es nicht, dass diese Art der Bewegung Freude macht. Diese Yoga-Variante bildet eine Fülle von Empfindungen ab: Neben Freude und dem Gefühl der Geborgenheit ist das der Stolz, wenn man sich überwunden hat, eine artistische Übung durchzuführen. Beim Aerial Yoga sind auch Partnerübungen möglich. Es wäre zum Beispiel denkbar, dass man in einer Umkehrhaltung die Hände der anderen Person greift und so eine Verbindung herstellt. Partnerübungen beim Aerial Yoga sind in allen möglichen Konstellationen denkbar – natürlich auch für Mutter und Kind.

MIT DEM LIEBLINGSMENSCHEN

Arm in Arm die Stadt erkunden

DURCH EINE BLÜTENALLEE SCHLENDERN

MICHAELSTRASSE

Michaelstraße, 53111 Bonn
ÖPNV: Haltestelle Bonn Rosental

Ja, sie sind wunderschön, die Bogengänge aus rosafarbenen Kirschblüten in der so getauften Bonner »Altstadt«, die Jahr für Jahr mehr Menschen begeistern. Waren sie vor einigen Jahren noch ein Geheimtipp, kommen inzwischen sogar Touristen aus Ostasien, um die Japanischen Blütenkirschen zu bewundern. Bei schönem Wetter drängen sich die Menschen in der Breite Straße und in der Heerstraße. Von stillem Versinken in die Schönheit der Blüten kann keine Rede sein.

Einige Geschäftsleute haben die Gelegenheit beim Schopfe gepackt und aus der Kirschblüte ein Geschäftsmodell gemacht. Ob Kirschblüteneis oder professionelle Fotos, die Kirschblüte lässt Herzen höherschlagen und Kassen klingeln. Einigen wird es bei dem Gedanken noch kalt den Rücken hinunterlaufen, dass ursprünglich gar keine Kirschblütenbäume gepflanzt werden sollten! Eigentlich wollte die Stadt die südliche Nordstadt mit Weißdornbäumen schmücken, konnte aber nicht genügend Exemplare erwerben.

Viel ruhiger – im Vergleich schon fast meditativ – geht es in der Michaelstraße zu. Hier blühen weiße Zierkirschen. Diese bilden zwar keinen Blütentunnel, die Bäume stehen aber auf beiden Seiten der Straße dicht beieinander und bilden so eine Blütenallee. Die Spielstraße wird von den Anwohnern liebevoll gepflegt, Bänke laden zum Verweilen ein. Hier kann man sein Kirschblüteneis entspannt genießen – und einen Kalender mit der Blütenpracht kann man ja trotzdem noch mitnehmen – für die ungestörte Betrachtung im gemeinsamen Wohnzimmer.

DAS BRÜCKENWEIBCHEN GRÜSSEN

BEUEL

53225 Bonn
ÖPNV: Haltestelle Bonn Johannesstraße

Die innige Rivalität zwischen dem linksrheinischen Bonn und dem rechtsrheinischen Beuel, die über die Jahre schon seltsame Blüten getrieben hat, besteht bereits seit geraumer Zeit. Ein lang andauernder Streit: Die Beueler wollten sich nicht an den Kosten für die Brücke beteiligen, die die beiden Rheinseiten verbinden sollte, denn die Bonner wollten die Brücke in Beuel in den Feldern enden lassen statt im Ortskern. Die Beueler verweigerten die finanzielle Beteiligung, und die Bonner mussten die Brücke allein bauen und bezahlen.

Als kleine Rache befestigten die Bonner an einem Brückenpfeiler ein steinernes Brückenmännchen, welches sein Hinterteil in Richtung Beuel streckte. Die Beueler revanchierten sich später mit dem Brückenweibchen, einer Waschfrau, die mit ihrem Pantoffel in Richtung Bonn droht. Ein schönes Beispiel für den rheinischen Humor und die schelmische Art, mit einem Konflikt umzugehen. Später zahlten die Beueler ihren Beitrag. Brückenmännchen und Brückenweibchen aber blieben bis heute erhalten, wenn auch nicht die Originale.

Den beiden Figürchen mit dem Herzensmenschen einen Besuch abzustatten ist vielleicht besonders dann eine schöne Idee, wenn es eine kleine Meinungsverschiedenheit gab. Beim Anblick der beiden frechen Streithähne vergisst man ganz schnell die eigenen Animositäten und wird sich klar darüber, was man an seinem Lieblingsmenschen hat und wie unbedeutend die Differenz war. Dann kann man sich gemeinsam über Brückenmännchen und -weibchen amüsieren.

De Welt es e Laake
dat selvs de Beuele
net wäsche könne
Errichtet zum
125 Jahre Beueler
Weiberfastnacht
1824–1949
Heimatverein Beuel
Brückenweibch
Skulptur an der 1898 fertig
als Pendant zum
nach der Zerstörung 1945
1949 als Waschfrau in
Ursprung der Beueler
2006 Wiederaufstellung bei
Rheinuferpromenade im
Stadt Bonn, Heimatmuseum Beuel

»ISCH HAN DICH JÄÄN!«

BRÜCKENMÄNNCHEN ZU BRÜCKENWEIBCHEN

FÄHRE FAHREN UND AM RHEIN ENTSPANNEN, MIT DER

➤➤ **Siegfähre** (zwischen Bergheim und Geislar). Sie wird auch »fliegende Brücke« genannt und ist die umweltfreundlichste Fähre weit und breit. Ein Fährmann steuert und muss gelegentlich mit einer Stake nachhelfen, wenn die Strömungsgeschwindigkeit nicht ausreicht. So gleitet sie an einem über den Fluss gespannten Seil zum anderen Ufer. Im Naturschutzgebiet Siegauen kann man wandern; das Restaurant »Zur Siegfähre« mit Biergarten lädt in den Sommermonaten zur Einkehr direkt am Fähranleger ein.

➤➤ **Mondorfer Fähre** (zwischen Graurheindorf und Mondorf). Die farbenfrohe Bemalung durch den Künstler Josef Hawle macht sie zu einem Unikat auf dem Rhein. Egal für welche Rheinseite man sich entscheidet, es fühlt sich wie Urlaub an. Auf Graurheindorfer Seite wurde unlängst der Bereich um den Fähranleger aufgewertet, am Fährpavillon Graurheindorf ist ein kleiner Gastronomiebetrieb entstanden. Viele Schwäne fühlen sich hier wohl, in jede Richtung lohnt sich ein Spaziergang. In Mondorf gibt es gleich mehrere Gastronomiebetriebe, ein Eiscafé, einen Minigolfplatz und den Mondorfer Yachthafen, alles unweit des Fähranlegers. Welche Geschichten Bonner auf und an der Fähre schon erlebt haben – lustig, dramatisch, romantisch, kann man auf der Seite der Rheinfähre Mondorf unter »Fährgeschichten« nachlesen.

BLITZSCHNELL VON BONN NACH PEKING KOMMEN

POST TOWER

Charles-de-Gaulle-Straße 20, 53113 Bonn
www.post-bonn.de
ÖPNV: Haltestelle Bonn Post Tower

»Bonn liegt neben Peking.« Geografisch gesehen ist das nicht korrekt, im Post Tower jedoch ist eine solche Aussage durchaus üblich und auch zutreffend. Auf derselben Etage befinden sich außerdem Nairobi, Washington, Canberra und Singapur – die Konferenzräume wurden nach Städten und Ländern benannt. Für die Öffentlichkeit ist das 41-stöckige Gebäude im Rahmen einer Führung oder bei den rund 50 Veranstaltungen zugänglich, die hier jährlich stattfinden. Die Führungen werden in unregelmäßigen Abständen angeboten und sind sehr unterhaltsam. Es werden nicht einfach nur schlicht Zahlen und Fakten genannt – danach hat man ein lebendiges Bild im Kopf.

Geschichten und Anekdoten erwecken die von Helmut Jahn entworfene Glaskonstruktion zum Leben. Als Teilnehmer einer Führung darf man mit den Hochgeschwindigkeitsaufzügen bis hinauf zur Besucherplattform in der 30. Etage fahren. Von dort hat man eine phantastische Aussicht. Man munkelt, dass die Geschwindigkeit der Aufzüge gedrosselt wurde, weil die Fahrt einigen Mitarbeitern zu rasant war.

Der Post Tower ist mit seinen 162,5 Metern das höchste Bürogebäude Nordrhein-Westfalens, und dank eines besonderen Energiesparkonzepts werden hier 30 Prozent weniger Energie benötigt als in vergleichbaren Gebäuden. Bei starkem Wind schwankt der Turm bis zu 20 Zentimeter, und teilweise steht man auf Glasboden – es ist also gut, wenn man jemanden zum Händchenhalten dabeihat!

LOKALE BESONDERHEITEN AUFSPÜREN

LOVE YOUR LOCAL

Breite Straße 28, 53111 Bonn
www.love-your-local.de
ÖPNV: Haltestelle Bonn Stadthaus

Mit dem Lieblingsmenschen in einem Geschäft stöbern, in dem man garantiert kreative, individuelle Dinge findet, die liebevoll von Künstlern aus Bonn und der Region gefertigt worden sind – meist in nur kleiner Stückzahl –, das macht richtig Spaß. Manche davon regen zum Schmunzeln an, andere zum Nachdenken. Hier hat man also die Möglichkeit, etwas zu erstehen, das nicht viele besitzen und das lange Freude machen kann.

Andrew Triebe bietet in seinem Laden »Love your Local« regionalen Künstlern eine gern genutzte Plattform. Angefangen haben er und sein Team mit neun Künstlern. Inzwischen sind es über 70. Deren Werke haben sich seitdem über die ganze Welt verteilt. In Australien hängen Bilder von Bonner Altstadthäusern an Wohnzimmerwänden. Die Telefonvorwahl von Bonn kennen so Menschen in Frankreich und anderen Ländern – denn wer die T-Shirts mit der Zahlenkombination darauf trägt, zeigt auf besondere Art Heimatverbundenheit oder Bonn-Begeisterung. Auf diese Weise kennt man in manchen anderen Städten, nicht nur etwa in Berlin, den Bonner Postleitzahlcode – auch, wenn man nicht regelmäßig Briefe in die Bundesstadt schickt.

Zur Kirschblütenzeit verschwindet das Geschäft beinahe in einem Meer aus rosafarbenen Blüten. Da liegt es nahe, dass auch schöne Produkte zu dieser Bonner Besonderheit angeboten werden. Einige Künstler haben inzwischen einen festen Platz für ihre Werke. Die Idee ist aber, dass möglichst viele regionale Künstler die Möglichkeit bekommen sollen, hier ihre Arbeiten zu präsentieren. Alle drei Monate findet daher ein Wechsel statt, dann kommen andere Künstler zum Zuge. Deshalb kann man sich jederzeit hier mit seinem Lieblingsmenschen verabreden und findet immer wieder Neues und Spannendes.

DURCH EINEN (FAST) GEHEIMEN GARTEN STREIFEN

ARBORETUM PARK HÄRLE

Büchelstraße 40, 53227 Bonn
www.arboretum-haerle.de
ÖPNV: Haltestelle Bonn Oberkassel Mitte

Pflanzen bedürfen kontinuierlicher Pflege, damit sie wachsen und gedeihen können. Sie brauchen Wasser, ein ausgewogenes Verhältnis zwischen Sonneneinstrahlung und Schatten und einen fruchtbaren Boden mit den richtigen Nährstoffen für ihre Bedürfnisse. Auch eine Freundschaft oder eine Liebe will gepflegt werden. Ihr Nährboden besteht aus Zeit, die gemeinsam verbracht wird, aus freundlichen Worten, Freundschafts- oder Liebesbeweisen.

So wie Menschen unterschiedliche Ansprüche haben, sind auch Pflanzen und ihre Anforderungen verschieden. Nicht jede Pflanze verträgt sich mit jeder anderen Pflanze, es gibt durchaus Freund- und Feindschaften im Reich der Göttin Flora. So achtet der Landwirt darauf, dass sich Erdbeeren und Kohl auf dem Acker nicht zu nahe kommen. Gurken kann man hingegen bedenkenlos neben Erbsen anpflanzen und Spinat neben Kartoffeln. Im Kräuterbeet vertragen sich Rosmarin und Salbei hervorragend, ebenso Majoran und Oregano.

Wer den passenden Lieblingsmenschen gefunden hat und die aufkeimende Freundschaft beziehungsweise das zarte Liebespflänzchen besonders gut pflegen möchte, der nimmt ihn mit in das Arboretum Park Härle in Bonn-Oberkassel. Genau wie bei Pflanzen spielt der Zeitfaktor auch bei einer menschlichen Beziehung eine wichtige Rolle. Je mehr schöne Erinnerungen man teilt, desto fester wird die Bindung. Irgendwann ist aus einem unscheinbaren kleinen Setzling ein stattlicher Baum geworden, der auch mal einem Sturm trotzen kann.

Der Park wäre nicht, was er ist, wenn er nicht schon so lange bestehen würde. Sein alter Baumbestand ist charakteristisch für ihn und ein Alleinstellungsmerkmal im weiten Umkreis. Dass er noch besteht, ist der Weitsicht der Schwestern Härle zu verdanken, die den Park von ihrem Vater vererbt bekamen. Sie gründeten eine gemeinnützige Stiftung zum Erhalt sowie zur Pflege und ausdrücklich auch zur Weiterentwicklung. Er sollte kein statisches Lebenswerk sein, sondern ein dynamischer, lebendiger, bunter Ort, der Altes bewahrt und dennoch mit der Zeit geht, teilweise auch gehen muss, da der Klimawandel manchen Gehölzen früher oder später die Lebensgrundlage entziehen kann.

In den drei Bereichen – alter Park, neuer Park und Waldpark mit Maar und Obstwiesen – finden sich Pflanzen aus aller Welt. Es gibt Mammutbäume, Farne, Rosen. Auch viele Tiere schätzen diese Umgebung: Spechte nisten in den Bäumen, Heupferdchen hausen im hohen Gras, Schildkröten sonnen sich auf Steinen am Maar. Dieser Park ist nicht nur eine Augenweide, sondern auch Genuss für Nase und Ohr: Nadelbäume verströmen den unwiderstehlichen Duft, den man aus dem Urlaub im Süden kennt. Der Wind streicht durch die Blätter, Singvögel zwitschern, Frösche quaken am Maar.

Je nach Standort eröffnen sich stets neue Einblicke, geschickt gestaltete Sichtachsen lassen immer wieder neue Bilder entstehen. Schattige und sonnige Stellen wechseln sich ab, Sonnenflecken zaubern zusätzliche Glanzpunkte auf Wege und Pflanzen. Das alles ist so gewollt und von den Schwestern bewusst so angelegt worden. Maria Härle interessierte sich neben der Gartengestaltung auch für bildende Kunst und verquickte beide Interessen auf ersprießliche Weise miteinander. Farben, Formen und Blattoberflächen der Pflanzen ergeben bei genauerer Betrachtung ein fein abgestimmtes Bild.

ANDERE (FAST) GEHEIME GÄRTEN, PARKS UND GRÜNFLÄCHEN

➤➤ Im wenig bekannten **Park der LVR-Klinik** gibt es seit Mitte 2022 einen Baum-Pfad, entwickelt vom Leiter der Gärtnerei Frank Rest. An den Stelen nahe der Bäume befinden sich QR-Codes, die gescannt werden können. Darüber kann man mehr zu den jeweiligen Bäumen erfahren, zum Beispiel zu Urweltmammutbaum, Trompetenbaum, Blauglockenbaum, Tulpenbaum und Seesternbaum.

➤➤ Auch im **Redoutenpark** und im Stadtpark Bad Godesberg gibt es für an Botanik interessierte Besucher viel zu entdecken. Rund um den Teich des Kurparks finden sich Gehölze aus fast allen Kontinenten der Erde.

➤➤ In Dottendorf kann man durch ein Areal mit gepflegten Kleingärten spazieren. Die Zugänge liegen etwas versteckt und sind recht schmal. Hinein und hinaus geht es an der Quirinstraße und an der Kessenicher Straße.

➤➤ Das **Baumschulwäldchen** wurde unlängst neu gestaltet und ein schöner, kreativer Spielplatz angelegt.

➤➤ Im **Derletal** kann man DiscGolf spielen und an einem der Gewässer entspannen.

SICH AN FERNBLICKEN ERFREUEN

NEUER KANZLERPLATZ

Bundeskanzlerplatz 2–10, 53113 Bonn
www.designoffices.de/www.art-invest.de
ÖPNV: Haltestelle Bonn Heussallee/Museumsmeile

Eine publikumswirksame städtebauliche Veränderung mit Knalleffekt – das war die Sprengung des Bonn Centers 2017. Das Bonn Center ist für zahlreiche Bonner mit Erinnerungen verbunden – sie haben hier beim Kabarett geschmunzelt, das Tanzbein geschwungen, im Fitnessstudio geschwitzt. Viele haben hier auch gearbeitet. In den drei neuen, von dem Projektentwickler Art-Invest realisierten Gebäuden am Neuen Kanzlerplatz wird ebenfalls gearbeitet – und einige Arbeitsplätze mit Aussicht kann man sogar mieten!

Ganz oben, in der 28. Etage des höchsten Gebäudes, das mit seinen bodentiefen, sechs Meter hohen Fenstern eine Aussicht noch weit über Bonn hinaus bietet, ist ein Coworking-Space von »Design Offices« entstanden. Ein Arbeitsplatz, den Firmen, Arbeitsgruppen oder auch Einzelpersonen mieten können, um hier tage-, wochen-, monatsweise oder auf Dauer zu arbeiten. Ziel von Coworking ist, dass man voneinander profitiert und in einem motivierenden Umfeld auf neue Ideen kommt.

Von hier oben kann man auch den Blick auf die »5. Ansicht« genießen: die begrünten Dächer der beiden niedrigeren Gebäude. Zwischen den Gebäuden ist ein Gemeinschaftsort entstanden, der zum Verweilen animiert, ein Gastronomiebereich mit Café komplettiert das Angebot. Bei schönem Wetter lockt die Terrasse in der siebten Etage, die auch zu »Design Offices« gehört. Wer hier nicht mit dem Lieblingsarbeitskollegen auf innovative Ideen kommt, wo dann? Um Zugang zur obersten Etage zu bekommen, muss aber nicht zwangsläufig Arbeit als Grund angegeben werden. Es ist auch ein Raum für Feiern wie Firmenveranstaltungen, Geburtstage oder Hochzeiten.

DIE LIEBLINGSSTADT VON OBEN BETRACHTEN

AIR LLOYD

Flugplatz Bonn/Hangelar, Richthofenstraße 124, 53757 Sankt Augustin
www.airlloyd.de
ÖPNV: Haltestelle Sankt Augustin Hangelar Mitte

Langsam sinkt der Hubschrauber der Landefläche entgegen. »Möchtest du mich heiraten?« steht in einem riesigen, mit Kreide gemalten Herz auf der für die Landung anvisierten Fläche. Heißt die Antwort »Ja!« und teilt das Ehepaar in spe die Begeisterung für das Fliegen, dann ist vielleicht eine Trauung in der Luft genau das Richtige. In einem Hubschrauber der Firma AIR LLOYD am Standort Bonn/Hangelar ist das möglich. In Absprache mit dem zuständigen Standesamt kann man so in den Hafen der Ehe fliegen, statt in ihn einzulaufen. So selten kommt das gar nicht vor, denn die Frage »Kann man im Hubschrauber den Bund der Ehe eingehen?« taucht sogar in der Liste der häufig gestellten Fragen auf.

Selbstverständlich kann man einen Hubschrauberrundflug auch dann buchen, wenn man kein solch einschneidendes Lebensereignis wie Heiratsantrag oder Hochzeit plant. Das Hubschrauberunternehmen AIR LLOYD feierte 2023 sein 60-jähriges Bestehen. Hauptgeschäft sind nicht die Personentransporte; hierbei geschehen aber die Dinge, die Jahre später noch – meist mit Lachen – erzählt werden. Einmal gab es Besuch vom WDR, die Macher der »Sendung mit der Maus« gingen der spannenden Frage »Wie schwer ist eigentlich eine Wolke?« nach. Leider war am geplanten Drehtag der Himmel strahlend blau, keine Wolke weit und breit. Das falsche Wetter für die »Maus«, das richtige Wetter aber für alle anderen, die gerne mal mit dem Hubschrauber über ihrer Lieblingsstadt kreisen würden!

DURCH EIN VERWUNSCHENES TAL SPAZIEREN

MELBTAL

Nachtigallenweg 66, 53115 Bonn
www.botgart.uni-bonn.de
ÖPNV: Haltestelle Bonn Friedrichsruh

Einmal im Jahr, zum Frühlingsfest im April, ist der Melbgarten für die Öffentlichkeit zugänglich. In Zukunft soll er häufiger seine Tore öffnen. Geplant ist, in Kooperation mit der Biologischen Station im Rhein-Sieg-Kreis e.V., eine Streuobstwiese mit etwa 30 verschiedenen regionalen Sorten hier anzulegen. Öffnungen beispielsweise zur Obstblüte und zur Reifezeit würden sich dann anbieten. Anders als der Bonner Nutzpflanzengarten verfügt die 1,8 Hektar große Außenanlage der Botanischen Gärten über genügend Platz für größere Nutzpflanzen wie Obstbäume. Die Ansiedlung regionaler Sorten knüpft an das Projekt zur Erhaltung und zum Bekanntmachen seltener oder verschollener lokaler Sorten an. Im Melbgarten wachsen bereits verschiedene Wildobstgehölze wie Birnen und Kirschpflaumen aus Georgien. Eine Führung durch den Melbgarten kann ganzjährig gebucht werden.

Der Melbgarten liegt inmitten eines idyllischen, unter Landschafts- und Naturschutz stehenden Tales, dessen Bachlauf und Wege teilweise überwuchert sind. Eine historische Brücke sowie die »Jungferntreppe« sind nur zwei der Attraktionen. Holzstege führen über den Engelsbach, beeindruckende, teilweise mit Pilzen bewachsene Baumriesen säumen die Pfade. Bei einigen Bäumen ist ein Teil des Wurzelwerkes sichtbar, andere sind quer über den Weg oder den Bach gefallen und bieten spektakuläre Fotomotive. Das Melbtal ist nicht nur wildromantisch, es dient auch als Frischluftschneise für die Stadt Bonn und ist unbedingt schützenswert.

EINE KUNSTÜBERRASCHUNG AUS DEM AUTOMATEN ZIEHEN

DISEINEREI

Plittersdorfer Straße 193, 53173 Bonn-Bad Godesberg
www.diseinerei.de
ÖPNV: Haltestelle Bonn Am Büchel

Auf einem Motorrad mit Beiwagen, dem Kunstapparate-Kurier, fährt sie regelmäßig durch ganz Bonn. Im Gepäck: zahlreiche kleine gefüllte Schachteln – Nachschub für die inzwischen neun Kunstapparate, die Nadja Schmitz-Schüller bis dato auf Bonner Stadtgebiet aufgestellt hat. In den Schachteln befinden sich die verschiedensten Miniatur-Kunstwerke, die allermeisten davon hat sie selbst gefertigt. Eins sieht so aus: Auf einem Holzstück sitzt ein Figürchen und auf dem aufgeklebten Zettel steht das Wort »Lieblingsmensch«. Mit genau diesem kann man sich den Spaß machen und mit dem Fahrrad von Kunstapparat zu Kunstapparat fahren und nebenbei die Stadt erkunden. Dabei ist es wie so oft: Wer von den üblichen Wegen abweicht, wird mit neuen Eindrücken belohnt. Und die bekommt man auch, wenn man ein Kunstwerk aus dem Automaten zieht. Für vier Euro kann man sie erwerben, und sie sind so viel mehr wert: Denn Freude ist unbezahlbar.

Die Freude, die sie bei der Anfertigung empfindet, überträgt sich. Wortspiele regen zum Nachdenken an und verführen nicht selten zum Schmunzeln, schöne Ketten werden zu ständigen Begleitern. Sämtliche Stücke sind Unikate. Schon die Automaten sind Hingucker – die Künstlerin hat ausgediente Zigarettenautomaten so umfunktioniert, lackiert und beklebt, dass sie ansprechend aussehen. Jeder hat eine eigene Optik. Allein das Ziehen des Kunstwerks macht schon Spaß: Geld einwerfen, dem Geräusch des herabfallenden Geldstücks lauschen, auf das gewünschte Bild drücken, die Schublade ziehen,

KUNST! apparat
BONN
4 €
p.Pack
Kunst
Region
diseinerei.
Info unter: mail@diseinerei.de | www.diseinerei.de | 0175.5729766
Probleme?
0175-5729766
make art not war!

die Schachtel herausnehmen und öffnen – und eine Überraschung ist sicher!

Verschiedenste Materialien, und diese auch anders zu nutzen als vorgesehen, das begeistert die Künstlerin seit ihrer frühesten Kindheit. Auf dem Schulweg faszinierten sie einmal Glasscherben in einer Pfütze, weil sie so schön schillerten. Ein Brief an die Eltern wegen Zuspätkommens war die Folge. Während einer Mathearbeit in der ersten Klasse bastelte sie lieber eine Girlande für die Lehrerin, statt zu rechnen. Auch das stieß auf wenig Verständnis. Trotzdem – oder gerade deswegen – wurde sie Lehrerin, unterrichtet Kunst und Technik.

Ihr Atelier in Plittersdorf ist sehenswert. Hinter dem Kunstapparat in der Plittersdorfer Straße 193 grüßt ein riesiger Flamingo die Vorbeigehenden. Der Automat in Plittersdorf sticht auch deswegen heraus, weil er über spezielle Fächer verfügt: Ein Fach ist mit Kunst von Bonner Künstlern gefüllt, ein Fach ist speziell für Kinder gedacht. Man startet also die Bonner Kunstapparate-Tour im Süden von Bonn, in Mehlem, in der Mainzer Straße 223. Von hier geht es mit dem Fahrrad am Rhein entlang, begleitet vom herrlichen Siebengebirgspanorama, zum Kunstapparat an der Fähre Rheinallee, Von-Sandt-Ufer 902. Zum nächsten ist es nur ein Katzensprung, es ist der beim Atelier. Der Weg zur Argelanderstraße 24 in der Südstadt führt wieder größtenteils am Rhein entlang. Im »Zartbitter« kann man sich ausruhen und erfrischen. Bis zur Colmantstraße 47 im Musikerviertel ist es nicht weit. In der Nähe des Kunstapparates in der Kasernenstraße 19–21 kann man die Tour beenden oder man besucht das Haus der Springmaus in Endenich und das Pantheon Theater in Beuel und findet auch hier, neben ausgezeichnetem Kulturprogramm, jeweils einen Kunstapparat. Wer den neunten Automaten findet, der hat auch gleich eine außergewöhnliche Übernachtungsmöglichkeit in Bonn entdeckt – beim BaseCamp, In der Raste 1.

ABSEITS DER AUSGETRETENEN PFADE – AUSSERGEWÖHNLICHE BONN-IDEEN

- Einer Vorlesung über Robotik beiwohnen. Im Jahr 2022 gewann ein Bonner Roboter-Team den mit fünf Millionen Dollar dotierten renommierten Wettbewerb ANA Avatar XPRIZE in den USA. Hier hat man also die Möglichkeit, von den besten Forschern auf diesem Gebiet zu lernen.
- Den Schwimmstart der Triathleten von der Rheinfähre anschauen.
- Zur Bon(n)sai-Ausstellung im Japanischen Garten in der Rheinaue gehen, die jedes Jahr an drei Tagen über Pfingsten stattfindet (Termine unter www.bonsai-team-bonn.de).
- Den großen schwarzen Schriftzug »Bonn« mit dem roten Kussmund suchen und ein Foto damit machen.
- Zum Bonner Kakteenmarkt mit Pflanzenbörse gehen (Termine auf der Internetseite der Botanischen Gärten Bonn unter »Veranstaltungen«).
- Die Genusstour »Kulinarische Schnitzeljagd« durch Bonn mitmachen (Informationen dazu auf der Internetseite www.kulinarische-schnitzeljagd.de).
- Sich die Helenenkapelle von innen anschauen (den Schlüssel dafür muss man sich bei dem Bekleidungsgeschäft SiNN abholen). Aus dem Geschäft hat man den einzigen Blick von außen auf die Helenenkapelle.
- Dem Glockenspiel in der Sternstraße lauschen.
- Das QR-Code-Haus in Muffendorf anschauen (und Muffendorf, denn der Stadtteil ist ohnehin sehenswert).

DIE GROSSEN CONTAINER-SCHIFFE BEGRÜSSEN

HAFEN BONN

Werftstraße 70, 53117 Bonn
www.azs-group.com
ÖPNV: Haltestelle Bonn Werftstraße

Als die Familie Am Zehnhoff-Söns den Hafenbetrieb in Bonn aufnahm, wurden die Waren, die auf dem Rhein verschifft werden sollten, noch mit Pferdewagen angeliefert. Handgeschriebene Notizen reichten aus, um den Umschlag zu organisieren und zu dokumentieren. Heute wird der Bonner Hafen bereits in dritter Generation betrieben. Der Logistikaufwand ist um ein Vielfaches höher als früher, sodass es ausgeklügelter Systeme bedarf, um den Überblick zu bewahren.

Der Bonner Hafenbetrieb verfügt über zwei Containerbrücken, die auf Schienen hin- und herfahren können. Sie befördern die Container von den Schiffen aufs Land und vice versa. Das geschieht nach einem genau festgelegten Plan, denn die wartenden Lkws sollen die Waren so schnell wie möglich an ihren Bestimmungsort bringen.

Am Bonner Hafen gibt es aufgrund der hohen Sicherheitsvorkehrungen keine standardisierten Führungsangebote – trotzdem kann jederzeit eine Anfrage gestellt werden. Mit etwas Glück darf man dann – bei passendem Wetter und wenn man schwindelfrei ist – auf eine der Containerbrücken hochfahren. Der Ausblick ist so spektakulär, dass es einem den Atem raubt. Wie Spielzeugwürfel sehen die riesigen Container von hier oben aus. Wer bis zum Ende der Containerbrücke geht, der schwebt dann sozusagen über dem Rhein. Gleich zwei Gründe sprechen dafür, dies gemeinsam zu erleben – es macht noch mehr Spaß und man hat jemanden, an dem man sich festhalten kann, wenn sich die Containerbrücke in Bewegung setzt.

BHD 2
BHD 3
CMA CGM
seaco
Hapag-Lloyd

DURCH GESCHICHTEN GESCHICHTE ERLEBEN

CITY STORIES

www.citystories-bnx.de

Liebesgeschichten, Geschichten von geklauten Maibäumen und Hausbesetzungen – das sind nur einige der spannenden Bonner »City Stories«. Die Stadt durch ihre Menschen kennenlernen – mit wem könnte man das besser als gemeinsam mit dem Lieblingsmenschen? Schon seit 2004 entwickelt das im Endenicher Theater im Ballsaal beheimatete freie Theaterensemble »fringe ensemble« unter anderem dokumentarische Stücke auf der Basis von Interviews. Da passte es gut, dass sich das Bonner Stadtmuseum im Zuge seiner Neuausrichtung ein Format vorstellte, bei dem Stadtgeschichte über die Bewohner der Stadt erlebbar gemacht werden sollte. Dabei geht es nicht um die Vermittlung von historischen Tatsachen; es geht um Orte in der Stadt, an denen Menschen besondere Erlebnisse hatten, Orte, mit denen sie eine persönliche Erinnerung verbinden. Ab Anfang 2022 wurde eine App entwickelt, mithilfe derer man die Geschichten an verschiedenen mit Schildern inklusive QR-Code ausgewiesenen Orten anhören kann.

Eingesprochen wurden die Texte von Schauspielern des »fringe ensemble«. Aus den zahlreichen Erzählungen wurden zunächst 50 ausgewählt. Das Projekt ist aber nicht beendet, neue Geschichten in der App sollen für Abwechslung und weitere Interaktion sorgen. City Stories wurde, gefördert von der Kulturstiftung des Bundes, im Rahmen von »dive in. Programm für digitale Interaktionen« entwickelt. Mit dem »studio_bnx« des Stadtmuseums in der Franziskanerstraße 3 ist ein Mitmachort für all diejenigen entstanden, die sich informieren und beteiligen möchten.

citystories_bnx
Ein interaktiver Stadtspaziergang
Get the App
Ein Pavillon
Hier unten am Rhein, unterhalb vom Alten Zoll war das. Wo sie jetzt auch sind. Hier hab ich gesessen, damals, da habe ich noch gar nicht in Bonn gewohnt und so auf den Rhein, auf die Beueler Seite geschaut und war völlig fertig …
weitere infos:
studio bnx
Franziskanerstraße 3, Bonn
Di - Sa, 11 - 18 Uhr
www.citystories-bnx.de
@studio_bnx
#studio_bnx
dive_in
KULTURSTIFTUNG DES BUNDES
FREUDE. JOY. JOIE. BONN.
fringe ensemble
UNI BONN

DIE HÖCHSTEN HÖHEN ERKLIMMEN

BERGFRIED GODESBURG

Auf dem Godesberg 5, 53177 Bonn
ÖPNV: Haltestelle Bonn Plittersdorfer Straße

Die eigene Stadt einmal wie ein Tourist erkunden – ein Geheimtipp par excellence, denn viele interessante Orte spart man sich mit der Begründung auf, dass man sie ja immer vor der Haustür habe und somit auch später jederzeit besuchen könne. So kann es dazu kommen, dass man sich jahrzehntelang um manch großartiges Erlebnis bringt. Ein solches ist zum Beispiel die Besteigung des Bergfrieds der Godesburg. In den Monaten April bis Oktober ist dies täglich von 10 bis 18 Uhr möglich. Sollte die Tür zum Bergfried nach 10 Uhr noch nicht geöffnet sein, nicht entmutigen lassen! Dann muss man im Restaurant Godesburg nach dem Schlüssel fragen. Einen Euro sollte man als Erwachsener für die Besteigung mitbringen – und ein wenig Mut sowie eine gute körperliche Verfassung.

Im vielgeschossigen Bergfried geht es über Stufen aus Stein, über Holz- und Gerüsttreppen hoch bis zur Aussichtsplattform. Nicht nur größere Menschen müssen sich mehrmals bücken, um sich nicht den Kopf zu stoßen. Streckenweise sind die Gänge sehr schmal. Gerade beim Abstieg sollte man auf den steilen Treppen vorsichtig Fuß vor Fuß setzen. Manche Zwischenetagen bieten sich für Verschnaufpausen an; hier befinden sich seit einer Sanierung im Jahre 2005 Informationstafeln zur Geschichte der Burg. Wer schließlich durch eine Öffnung in der Decke, die mit einer Falltür verschlossen werden kann, die Besucherplattform betritt, den wird der Ausblick überwältigen.

Die Aussicht sei »unbeschreiblich schön, ja man kann sagen, als ein Panorama einzig in seiner Art«, so schwärmte schon Bernhard Hun-

deshagen im Jahre 1833. Auch der Schriftsteller Ernst Moritz Arndt verlieh seiner Begeisterung über das Panorama sehr nachdrücklich Ausdruck. An klaren Tagen kann man mit bloßem Auge bis nach Köln blicken und den »Colonius« deutlich ausmachen. Es empfiehlt sich, ein Fernglas mitzubringen. An Wochentagen kann es sein, dass man die Plattform ganz für sich allein hat und den Rundumblick ausführlich und in Ruhe genießen kann. Begleitet von einem lieben Menschen ist es aber allemal umso schöner.

Man kann sich auf verschiedenen Wegen der Godesburg und dem Bergfried nähern, und auch auf dem Weg nach oben bieten sich bereits schöne Ansichten, beispielsweise auf das Siebengebirge. Ein Weg führt an der Michaelskapelle vorbei, die unbedingt einen Besuch lohnt. Kontrastierend zum schlichten Äußeren wartet sie im Inneren mit einer beeindruckenden barocken Ausstattung auf, die vor einigen Jahren aufwendig wiederhergestellt wurde. In der sich unmittelbar an das Kirchlein anschließenden Eremitage wohnt seit 2006 eine Ordensschwester, die sich um die Kapelle kümmert und die Tür für Besucher offen hält.

Der Bergfried ist der am besten erhaltene Baukörper der Burg. Die spektakuläre Sprengung der Godesburg im Jahre 1583 überstand er weitestgehend unbeschadet; die restliche Godesburg thront seitdem als Ruine über dem Rhein. Ihre Strahlkraft für die Region ist dennoch ungebrochen, und für viele Bonner, gerade auch für die Bewohner des Stadtbezirks Bad Godesberg, ist sie ein identitätsstiftendes Wahrzeichen. Im Jahre 2010 wurde ihr 800-jähriges Bestehen mit Jubiläumsveranstaltungen und einer Ausstellung gefeiert. Hierbei wurden mehr als 70 Bilder aus fünf Jahrhunderten gezeigt, die die Godesburg in den Mittelpunkt stellen.

ANDERE BONNER ORTE MIT AUSSICHT

➤ Im Rahmen einer Führung kann man vom **Dach des Stadthauses** aus auf Bonn schauen. **Stadthaus**: Berliner Platz 2, 53111 Bonn

➤ Das **Dach des LVR-Museum** ist für Museumsbesucher zugänglich. **LVR-Museum**: Colmantstraße 14–16, 53115 Bonn

➤ »**Konrad's Skybar**« bietet einen Außen- und einen Innenbereich. Cocktails genießen und speisen mit Weitblick! **Skybar**: Platz der Vereinten Nationen 4, 53113 Bonn

➤ Auf dem **Kreuzberg** hat man eine sehr schöne Aussicht auf die Stadt – vor allem von der Kapelle auf dem Berg kann man entspannt die Augen über die Stadt schweifen lassen. **Kapelle**: Stationsweg 21, 53127 Bonn

MIT DER BESTEN FREUNDIN DIE »BONNER BESTE« BESTAUNEN

NUTZPFLANZENGARTEN

Katzenburgweg 3, 53115 Bonn
www.botgart.uni-bonn.de
ÖPNV: Haltestelle Bonn Am Botanischen Garten

»Möchtest du einen Liebesapfel probieren?« Heutzutage würden wohl die allermeisten dabei an einen mit einer roten Zuckerglasur ummantelten Apfel denken, der auf Jahrmärkten und Kirmesfesten angeboten wird. Bis ins 19. Jahrhundert hinein wurden allerdings Tomaten als Liebesäpfel bezeichnet. Liebe und Sorgfalt stecken auch dahinter, wenn im Bonner Nutzpflanzengarten regionale Sorten wie die früh reifende rote Stabtomate »Bonner Beste« angepflanzt werden. Und sie werden nicht nur angepflanzt – bei Saatgut-Tauschbörsen wird auch das Saatgut herausgegeben, sodass die regionalen Sorten wieder mehr Wertschätzung erfahren können und Verbreitung finden. Der große Vorteil dieser Sorten ist, dass sie standortangepasst sind und sich teilweise sogar auf die veränderten klimatischen Bedingungen eingestellt haben.

Pünktlich zur Poppelsdorfer Kirmes Anfang Juli waren die Früchte der Süßkirsche »Poppelsdorfer Schwarze« reif und konnten an den Hängen des Venus- und Kreuzberges geerntet werden. Zur Blütezeit im April erfreute ein weißes Blütenmeer Bewohner und Spaziergänger. Heute sind nur noch wenige dieser Bäume vorhanden. Im Bonner Nutzpflanzengarten wurden sie angepflanzt und sind bereits zu stattlichen, früchtetragenden Bäumen herangewachsen. Sie sind, wie die »Bonner Beste«, Teil des Projektes zum Bekanntmachen seltener oder verschollener lokaler Sorten. Ein Bereich des Nutzpflanzengartens widmet sich diesen regionalen Nutzpflanzen, viele davon tragen ihren Herkunftsort im Namen: »Bonner Markt« ist ein Feldsalat, »Bonner Advent« eine Wirsingsorte.

EHEMALIGE BOTSCHAFTEN AUSFINDIG MACHEN

BOTSCHAFTSTOUREN

www.botschaftstouren.de

Es ähnelt einem Rätselspiel, denn die wenigsten der ehemaligen Botschaften sind mit einem Hinweisschild versehen, das ihre frühere Bedeutung angäbe: Welche der Prachtbauten im und um das Bad Godesberger Villenviertel herum waren einmal diplomatische Vertretungen? Bei einigen liegt die Vermutung nah, so bei dem Gebäude mit den chinesischen Pagodendächern. Michael Wenzel hält den entscheidenden Tipp für die Identifizierung der Gebäude bereit, bei denen es nicht so augenscheinlich ist: Die leeren Flaggenstangen verraten sie.

Der persönliche Bezug des Erfinders der Bonner Botschaftstouren als Kind einer portugiesischen Mutter und eines deutschen Vaters, die beide für die portugiesische Auslandsvertretung in Bonn tätig waren, scheint immer wieder durch und macht diese besondere Stadtführung so authentisch. Etwas Wehmut mischt sich in seine Worte, wenn er erzählt, dass er damals im Garten der portugiesischen Botschaft gespielt habe – nun sei ihm aber der Zutritt verwehrt, das Gebäude befinde sich heute in Privatbesitz. Die Schicksale der ehemals als exterritorial geltenden Grundstücke und Anwesen sind mannigfaltig und reichen von Leerstand und Verfall bis hin zu privater oder gewerblicher Nutzung.

Zu Fuß, mit dem Fahrrad oder mit dem Bus kann man sich mit Michael Wenzel auf den von ihm so getauften »Weg der Diplomatie« machen und sieht diesen Teil der Lieblingsstadt dabei durch die diplomatische Brille. Im geschichtsträchtigen Rheinhotel Dreesen klingt die zeitlose Tour aus, die in vielerlei Hinsicht gegenwärtige Entwicklungen einbezieht und zukünftige Aufgaben skizziert.

EINE SPIONAGETOUR UNTERNEHMEN

STATTREISEN BONN

StattReisen Bonn erleben e.V., Belderberg 32, 53113 Bonn
www.stattreisen-bonn.de
ÖPNV: Haltestelle Bonn Universität/Markt

Geheimen Vorkommnissen in der Lieblingsstadt auf der Spur … Diese besondere Stadtführung kann man nur in Bonn unternehmen, denn sie greift das Thema »Spionage zu Bonner Hauptstadtzeiten« auf. Wie geschickt die Spione zu Werke gingen und welche teils perfiden Methoden sie anwandten – Stichwort Romeo-Agent und Julia-Sekretärin –, das erfährt man bei diesem unterhaltsamen Streifzug, der auch für Ur-Bonner noch Überraschungen bereithält.

Das Café Müller-Langhardt am Marktplatz ist der Ausgangspunkt. Es war ein beliebter Treffpunkt der Romeo-Agenten mit ihrem abschätzig so genannten operativen Ausgangsmaterial. Gemeint waren Sekretärinnen aus den Ministerien, von denen sie sich bedeutende Informationen erhofften und oftmals auch bekamen. Anders als Günter Guillaume, der als persönlicher Referent von Willy Brandt arbeitete und aus dieser Position heraus an die Stasi berichtete, nutzten diese Agenten die emotionale Verletzbarkeit der verliebten Frauen für ihre Zwecke aus.

Bei der Spionagetour entdeckt man interessante Orte nebenbei, während man nach dem nächsten Indiz sucht, sich mit Informanten trifft und geheimnisvolle Übergaben von brisantem Material stattfinden. Hierbei lernt die Gruppe die Lieblingsstadt aus einer anderen Perspektive kennen und freut sich gemeinsam über das Erfolgserlebnis, wenn ein Hinweis richtig interpretiert wurde. Das Konzept der alternativen Stadtführungen von StattReisen lautet »Statt Reisen – Bonn erleben!«. Andere außergewöhnliche Stadtführungen runden das Portfolio ab.

OLYMPUS

ANDERE UNGEWÖHNLICHE STADT-FÜHRUNGEN DURCH BONN VON STATTREISEN BONN ERLEBEN E.V.

»Kirschblüte in Bonn – die alternative Kirschblüten-Tour«
Zur Blütezeit der Kirschbäume ist es in der Breite Straße und der Heerstraße häufig so überfüllt, dass man vor lauter Menschen und Fotoapparaten kaum noch die Blüten sehen kann. Diese spezielle Route führt per Rad oder auch zu Fuß zu zahlreichen Standorten der Kirschblüte in ganz Bonn, die nicht so bekannt sind wie die in der Nordstadt. Mithilfe einer Karte, die auf der Seite von StattReisen heruntergeladen werden kann, kann man sich selbst auf den Weg machen.

»Tour d'amour: Liebesgeschichten aus Bonn«
Hier geht es um berühmte Bonner Paare, deren Geschichten an den entsprechenden Orten erzählt werden.

»Zwischen Bahnsteig 11 und Amt 99: Die total verrückte Innenstadt-Führung«
Warum wurde das Sterntor verrückt und welche verrückten Ideen hatten die Bonner sonst noch? Bei dieser Stadtführung wird man auf Dinge und Orte aufmerksam gemacht, die häufig übersehen werden und die eine außergewöhnliche Geschichte erzählen.

MIT DEM LIEBLINGSMENSCHEN

Miteinander entspannen

DEN BLICK SCHWEIFEN LASSEN

BIERGARTEN ALTER ZOLL

Brassertufer, 53113 Bonn
Haltestelle: Haltestelle Bonn Universität/Markt

Es ist ein Ort wie aus dem Bilderbuch. Ein Ort für Kinder, für Erwachsene, für Studenten, für die arbeitende Bevölkerung, für die Mittagspause, für einen Kaffee zwischendurch, für ein Bier nach Feierabend. Mit Blick auf den Rhein, das Beueler Rheinufer und das Siebengebirge kann man hier stundenlang mit dem Lieblingsmenschen über Gott und die Welt plaudern. Unter einer riesigen alten Platane finden alle zusammen. Die langen Holztische laden dazu ein, den vorhandenen Platz zu teilen und neue Bekanntschaften zu schließen. Auf der Wiese toben Kinder herum; Freundesgruppen sitzen auf Decken. Wer mag, kann auch Boule spielen.

Besonders gemütlich ist es an lauen Sommerabenden, wenn man unter dem Blätterdach der Platane zuschauen kann, wie die Sonne untergeht. Selbst ein kleiner Sommerregen drängt die Besucher des Biergartens nicht zum Aufbruch – die ausladenden Äste mit dem dichten Laubwerk halten die Tropfen ab, und schon so manch einer hat, ins Gespräch vertieft, gar nichts von dem Regenguss mitbekommen.

Jeden Sommer finden auf der Wiese am Alten Zoll die Stadtgartenkonzerte statt. Sie stehen unter dem Motto »umsonst und draußen«. Nachwuchsbands aus Bonn und der Region kommen hier ebenso zum Zug wie bekannte Künstlerinnen und Künstler. Für jeden Geschmack ist etwas dabei, an einem Abend wird zu Jazz gewippt, an einem anderen Abend schallen rockige Töne über den Rhein, es wird Hip-Hop, Pop und Weltmusik geboten. Veranstalter ist das Kulturamt Bonn, unterstützt von zahlreichen Kooperationspartnern.

MIT LAMAS ENTSPANNTE STUNDEN GENIESSEN

LAMALOGISCH

Infos zu den Touren unter
www.lamas-bonn.de

»Die Chemie muss stimmen« – ein gern bemühter Ausdruck, wenn man das Geheimnis gegenseitiger Sympathie in Worte zu fassen versucht. Jedenfalls gilt diese Weisheit nicht nur für Lieblingsmenschen, sondern auch für die wollige Wanderpartnerin mit den Bananenohren und den riesigen Kulleraugen bei »Lamalogisch«. Die Frage ist nur: Wer sucht hier wen aus? Fest steht, dass man mit einer langsamen Annäherung nichts falsch machen kann. Lamas werden nach der Geburt nicht trocken geleckt, sind daher Streicheleinheiten nicht gewöhnt. Hat man den Eindruck gewonnen, dass die Lamas entspannt sind, darf man ihnen aber dennoch vorsichtig über den Hals streichen. Als Kuscheltiere sind sie also eher ungeeignet – was sie aber hervorragend können, das ist: Ruhe ausstrahlen. Gerne werden sie daher als Therapietiere eingesetzt, auch von Angelika Mengden, der Gründerin von »Lamalogisch«.

Darüber hinaus kann man aber auch mit dem Lieblingsmenschen oder gleich mit mehreren Lieblingsmenschen eine Wanderung mit den Lamas durch die wunderschöne Landschaft rund um den Rodderberg buchen. Fünf Lamas stehen für Wanderungen bereit, bei einer größeren Gruppe müssten zwei oder mehr Personen gemeinsam ein Lama führen beziehungsweise sich beim Führen abwechseln. Hat man seine Wanderpartnerin gefunden (oder sie einen), gilt es, sich zunächst aufeinander einzustellen. Lamas sind sehr aufmerksam, bleiben stehen, wenn sie ungewöhnliche Geräusche hören. Die Zeit sollte man ihnen geben. Nach einer Weile hat man das Vertrauen der Tiere gewonnen und es geht harmonisch voran.

EINE TEATIME ZELEBRIEREN

TEEGSCHWENDNER

Dreieck 2, 53111 Bonn
www.teegschwendner.de
ÖPNV: Haltestelle Bonn Markt

Manche Dinge brauchen Zeit. Der Aufbau von Vertrauen zu einem anderen Menschen gehört hierzu. Und das Ausbilden der Geschmacksknospen für die feinen Unterschiede zwischen verschiedenen aufgebrühten Teeblättern. Diese meist betriebsintern erfolgende Ausbildung zum Tea-Taster nimmt acht bis zehn Jahre in Anspruch und bedarf der Bereitschaft, lebenslang dazuzulernen. Für alles, was mit qualitativ hochwertigem Tee zu tun hat, muss man sich Zeit nehmen – für das vorsichtige Pflücken, die schonende Verarbeitung, die Qualitätskontrolle durch einen geschulten Tea-Taster und schließlich die sorgfältige Zubereitung. Die einzelnen Schritte gleichen Ritualen, und wer einmal einer Teezeremonie beigewohnt hat, weiß, dass auch dieses Ritual viel Zeit erfordert.

Da passt es sehr gut, dass TeeGschwendner im ältesten Haus Bonns beheimatet ist, in einem schmucken Fachwerkhaus mit Namen Knusperhäuschen, das bereits 1593 das erste Mal Erwähnung fand. Im ersten Obergeschoss befindet sich die »Teestube im Knusperhäuschen«. Ein zauberhafter Ort, den selbst viele alteingesessene Bonner nicht kennen. Die Treppe, die ins Obergeschoss führt, liegt etwas versteckt, und die Teestube wird auch nicht aktiv beworben. Die, die sie kennen, verbringen gerne viel Zeit hier oben. Aus den Fenstern blickt man auf das Dreieck und hört das Wasser des Drei-Grazien-Brunnens plätschern. Innen schaut man auf eine offene Küche, wo die Tees exakt die richtige Zeit in den passenden Teekannen ziehen dürfen. Zieht der Tee in einer gläsernen Teekanne, kann man die Teeblätter dabei beobachten, wie sie aufblühen und in der Kanne herumwirbeln – es gleicht einem Tanz.

Langsam nimmt das Wasser die für den jeweiligen Tee typische Farbe an. In einem hübschen Teegeschirr wird er serviert, der angenehme Duft zieht durch den Raum.

Mit dem Lieblingsmenschen kann man hier nicht nur Tee und die gemeinsame Zeit bewusst genießen. Zum Tee passen die berühmten

Herzwaffeln nach einem Geheimrezept von Gwendalina Gschwendner. Gemeinsam mit ihrem Mann Albert Gschwendner gründete sie das auf losen Tee in hoher Qualität spezialisierte Unternehmen. Sie wollten das Genusserlebnis und die Vielfalt von Tee vielen Menschen zugänglich machen – und sie trafen einen Nerv, fanden eine Marktlücke. Konnten sie in den 1980er Jahren noch mit diesem Alleinstellungsmerkmal punkten, bedurfte es in den folgenden Jahren und bedarf es bis heute einer Offenheit für Wandel und Mut, Neues auszuprobieren. Dazu gehörte ein früher Einstieg in das Franchise-Modell und in das Online-Teegeschäft. Die Aufnahme von Biotee in das Sortiment und der Einsatz für Nachhaltigkeit und für gute Lebens- und Arbeitsbedingungen der Teebauern in den Teegärten waren weitere wichtige Schritte. Schließlich investierte das Unternehmen in ein hauseigenes Labor zur lebensmittelchemischen Absicherung der Produktqualität. Zeit ist in all diesen Bereichen ein wichtiger Faktor. Durch die jahrelange Zusammenarbeit und den engen Kontakt mit den Teebauern ist ein Vertrauensverhältnis entstanden, das TeeGschwendner unabhängig macht von den großen Tee-Auktionsplätzen und von Zwischenhändlern. Die hohe Qualität kann man herausschmecken – gemeinsam mit dem vertrauten Lieblingsmenschen.

HIER IST PLATZ FÜR EUER LIEBLINGSBILD

#LIEBLINGSMENSCHENUNTERWEGS

IN EINER SCHWEIZER SKIGONDEL ÜBERNACHTEN

BASECAMP BONN

In der Raste 1, 53129 Bonn
www.basecampbonn.de
ÖPNV: Haltestelle Bonn Ollenhauerstraße

Mit dem Lieblingsmenschen die halbe Nacht durch klönen, schnacken, plaudern – oder auch tiefgründige Gespräche führen: An diese Nächte erinnert man sich Jahre später noch. Was man sich in diesen Nächten anvertraut hat, schweißt zusammen, lässt einen auch harte Zeiten überstehen. Zumal, wenn der Austausch in einem ganz besonderen Ambiente stattgefunden hat.

Im BaseCamp Bonn hat man die Auswahl zwischen den verschiedensten außergewöhnlichen Schlafmöglichkeiten. In einer riesigen Lagerhalle mit einem historischen Wohnwagenpark hat man die Qual der Wahl zwischen US-Airstreams, einer echten Schweizer Skigondel und den verschiedensten Themenwagen. Seekrank und trotzdem glücklich im »Hausboot« übernachten? Den Brexit für ein paar Tage vergessen und im »Big Ben«-Wohnwagen neben Blümchentapeten schönen Erinnerungen an den Schüleraustausch nachhängen? Trotz Höhenangst im »Weltenbummler« Pläne für eine Fahrt mit einem Heißluftballon schmieden? Im Zelt auf dem Dach eines Trabis nächtigen oder doch lieber das Tiny House ausprobieren?

Schlechtes Wetter braucht einem hier nicht die Laune zu verhageln – da die Campingwagen sämtlich in einer Lagerhalle im Trockenen stehen, kann man auch bei Unwetter gemütlich in seinem Vorgarten sitzen. Beim Frühstück thront man auf einer Empore und schaut von oben auf die ungewöhnlichen Wohnwagen hinunter, kann die Atmosphäre in Gänze aufnehmen. Die im BaseCamp als Unterkunft angebotenen Wohnwagen stammen aus den verschiedensten Teilen der Welt. Da passt es sehr gut, dass auch die Gäste international sind. Aber wo steht geschrieben, dass man nicht auch mal Urlaub in der eigenen Stadt machen darf?

IN EINER STRANDBAR VON DER SÜDSEE TRÄUMEN

BIKINI BEACH

Karl-Duwe-Straße 1, 53227 Bonn
www.bikinibeach.de
ÖPNV: Haltestelle Bonn Oberkassel

»Yoga am Strand mit Blick aufs Wasser« – das hört sich nach Urlaub am Meer an. Doch dieser Sandstrand befindet sich direkt am Rheinufer, im Bonner Stadtteil Oberkassel. Am Bikini Beach kann man aber nicht nur am Sonntagmorgen die Yoga-Übung »Herabschauender Hund« trainieren. Tagsüber kommen viele Familien mit Kindern in die schöne Strandbar, später am Abend wird bei Live-Musik ausgelassen getanzt. Die Sitz- und Liegegelegenheiten laden zu Tanzpausen und zu längerem Verweilen ein. Im »Nest« liegt man auf gespannten Seilen, und das ist viel gemütlicher, als es sich anhört.

Konzept und Gestaltung sind inspiriert von Strandbars rund um den Globus, zum Beispiel von denen auf Bali und Mykonos. Für viele Ideen mussten die Betreiber aber gar nicht in die Ferne schweifen – denn sie haben auch viel Gutes in der Nähe gefunden. So wurde angeschwemmtes Treibholz gesammelt und in Handarbeit bemalt: eine hübsche und nachhaltige Alternative für gekaufte gestalterische Elemente. Einer der am Bikini Beach angebotenen Weine ist der »Beachburgunder« des Weingutes Pieper aus Königswinter. Pizzen werden vor Ort von einem Bonner Gastronomiebetrieb gebacken.

Für etwas weniger gutes Wetter gibt es einen überdachten Bereich. Die Strandbar kann auch gemietet werden – beispielsweise für besondere Herzensmenschen-Momente wie Geburtstage, Verlobungsfeiern oder Hochzeiten. Regelmäßig finden Veranstaltungen statt. Ob »Jazz am Strand«, »Playa Electronica« oder »House und Classics«; für jeden Geschmack findet sich die geeignete Musikrichtung und das passende Veranstaltungsformat.

AN EINEM MEDITATIVEN ORT LUSTWANDELN

JAPANISCHER GARTEN

Rheinaue, 53113 Bonn
ÖPNV: Haltestelle Bonn Rheinaue

Oskar schwimmt seit rund 20 Jahren in einem Teich im Japanischen Garten in der Bonner Rheinaue. Er fühlt sich offensichtlich pudelwohl hier. Wie könnte es auch anders sein – schließlich wird er regelmäßig gefüttert, und das Wasser, in dem er lebt, wird immer sauber gehalten. Zudem befindet er sich in netter Gesellschaft: Im Teich tummeln sich nämlich zahlreiche Zierkarpfen. Es sind sogenannte Koi-Karpfen; der Name kommt aus dem Japanischen und bedeutet »bunter Karpfen«. Aus Japan stammen auch die allermeisten Komponenten dieses Gartens. Er war ein Geschenk der japanischen Regierung zur Bundesgartenschau in Bonn im Jahre 1979; es sollte die Freundesbande zwischen beiden Ländern festigen. So ist es nur folgerichtig, diese vielfältige, abwechslungsreiche Gartenanlage gemeinsam mit dem Lieblingsmenschen zu erkunden.

Trotz seinem – für Zierkarpfen – fortgeschrittenen Alter kann Oskar sich nicht an die aufregende Zeit des Gartenbaus erinnern. Wer sich aber daran erinnert, weil er sich damals schon um das Grün der Rheinaue gekümmert hat, ist Alfred Merzbach. Er erzählt, dass die riesigen Steine für den Garten damals per Flugzeug aus Japan kamen. 500 Tonnen Steine wurden in den Bergen von Hanamaki eigens für dieses Projekt ausgewählt und nach Deutschland gebracht. Der japanische Landschaftsverband wurde mit der Planung und Durchführung der Arbeiten betraut, die mehrere Jahre in Anspruch nahmen.

Man betritt die harmonische Gesamtkomposition durch ein Tor. Diese klare Grenze zwischen außen und innen ist dazu gedacht, dass

man ab hier den Alltag mit seinen Problemen hinter sich lassen kann, um sich langsam auf das besondere Erlebnis einzustellen. Dann wendet man sich nach rechts und geht den Rundweg entgegen dem Uhrzeigersinn. Jeder Bestandteil hat eine Bedeutung. Sich dies bewusst zu machen bereichert und vertieft die Erfahrung. Aber auch ohne das

Hintergrundwissen spürt man die Ruhe und Harmonie, die der Garten ausstrahlt. Rechter Hand sieht man zunächst ein Holzhaus, das als Warteraum zur Einstimmung genutzt werden kann. In einem japanischen Teegarten dient ein solcher Raum zur inneren Vorbereitung auf die Teezeremonie.

Ein künstlicher Hügel verstellt zunächst den Blick. Er soll Erwartungen wecken und die Spannung auf das, was kommen wird, steigern. Ein paar Schritte weiter betritt man eine Brücke ohne Geländer, und der Blick wird freigegeben. Jetzt kann man wesentliche gestalterische Elemente erfassen: See, Insel und Hügel. Auch die dreizehnstufige Pagode, ein bedeutender Blickfang, ist von hier aus bereits zu sehen. In der Laube kann man mit dem Lieblingsmenschen verweilen und alle Elemente auf sich wirken lassen. Hier befindet sich auch die Futterstelle für die Koi-Karpfen; an diesem Ort lassen sie sich besonders gut beobachten.

Nach dem Aufenthalt in der Laube geht man eine Anhöhe hinauf und gelangt zur Quelle eines Wasserfalls. Wasser hat eine zentrale Bedeutung in japanischen Gärten. Die Steine, über die das Wasser hinunter in den See läuft, sind sorgfältig angeordnet worden. Die Gartengestalter haben genau geplant, wie das Wasser durch die Felsbrocken fließen und wo es hinabstürzen soll. Von hier oben ist die Aussicht noch einmal besonders schön. Es ist schattig, an heißen Sommertagen angenehm kühl, und die Nadelbäume verströmen einen köstlichen Duft.

EINE AUSWAHL ALLJÄHRLICHER VERANSTALTUNGEN IN DER RHEINAUE

- Rhein in Flammen, Mai
- SWB Jazz&More, von Mai bis September immer sonntags von 14–17 Uhr im Biergarten des Parkrestaurants Rheinaue
- Ballonfestival mit Ballonglühen, Juni
- KUNST!RASEN, Open-Air-Festival mit Konzerten verschiedener Genres, Juni bis August
- Panama Open Air, Musikfestival: Electronic, Hip-Hop, Pop, Juni, Juli
- Bierbörse, an drei Tagen im Juli
- Flohmarkt, von April bis Oktober, jeweils am dritten Samstag des Monats

EICHHÖRNCHEN AUS DEM BAUMHAUSHOTEL ZUWINKEN

V-HOTEL

Haager Weg 44, 53127 Bonn
www.v-hotel.de
ÖPNV: Haltestelle Bonn Jugendherberge

Einmal ein Baumhaus bauen: ein Kindheitstraum. Für all diejenigen, die diesen Traum ins Erwachsenenleben mitgenommen haben, bietet sich eine Übernachtung in einem der drei Baumhäuser des V-Hotels auf dem Venusberg an. »Waldgeist«, »Rotkäppchen« und »Rostlaube« stehen auf Stelzen, sind sogar erdbebensicher und mit jeglichem Komfort ausgestattet. Durch die großen Fenster schaut man in die wogenden Baumkronen. So fühlt man sich ein wenig wie ein Eichhörnchen in seinem Kobel – und Eichhörnchen sind, neben unterschiedlichsten Vögeln, auch die häufigsten Besucher. Oftmals flitzen sie direkt am Fenster vorbei durch die Äste. Die zahlreichen Vögel erfreuen sich an ihren ganz eigenen V-Hotels: schicken Vogelhäusern. Allein der Blick ins Grüne übt schon eine entspannende Wirkung aus – der angenehme Duft des Zirbenholzes tut das Seinige dazu.

Mitten im Kottenforst liegt dieses außergewöhnliche Hotel, das allein schon durch das künstlerische Design und die vielen gestalterischen Details auffällt. Dieser Aspekt und Nachhaltigkeit sind besondere Herzensangelegenheiten der Betreiber, des Vater-Tochter-Duos Harald und Christina Voit. Auf die CO_2-Einsparungen sind sie besonders stolz, ein künstlerisch gestalteter Zählapparat im Foyer beziffert die seit Betriebsaufnahme eingesparten Emissionen. Nach einer entspannten Nacht und einem leckeren Frühstück kann man dann in den bereitgestellten Büchern schmökern oder zu einem Waldspaziergang zu Wildschweinen und Gespensterbuchen aufbrechen.

BEIM ZIEGENYOGA DIE WELT UM SICH HERUM VERGESSEN

ZIEGENHOF RÖSBERG

Weberstraße 12, 53332 Bornheim
www.ziegenhof-roesberg.de
ÖPNV: Haltestelle Bornheim Rösberg Schule

»Herabschauender Hund« trifft heraufschauende Ziege – und zwar beim Ziegenyoga auf dem Ziegenhof Rösberg. Die Yogamatten, die je nach Witterung entweder im Stall oder auf der Weide ausgebreitet werden, müssen sich die Teilnehmer teilen: Die Tiere dürfen sich frei bewegen und tun und lassen, was sie möchten. Je nach Temperament stupsen die Zicklein einen auch mal an; da gerät der »Baum« unter Umständen ins Wanken. Sich dann nicht zu ärgern, sondern stattdessen darüber zu lachen, fasst die Essenz dieser besonderen Yoga-Variante. Es geht nicht um die perfekte Ausführung der Übungen, es geht um den Spaß dabei. Beim Ziegenyoga wird sehr viel gelacht. Ist man in noch so ernster Stimmung hergekommen, die Zicklein zaubern einem schon nach kürzester Zeit ein Lächeln ins Gesicht. Das Zusammensein mit den Tieren in Verbindung mit den Yogaübungen führt zu einer Lösung von Anspannungen, physisch und psychisch. Diesen Zusammenhang entdeckte zuerst die Amerikanerin Lainey Morse. Inzwischen ist der Trend auch nach Europa herübergeschwappt. Trotz des großen Erfolges wird Ziegenyoga nicht oft angeboten – das liegt schlicht daran, dass hierfür verschiedene Komponenten zusammenkommen müssen. Glücklicherweise hat das in Bornheim-Rösberg sehr gut funktioniert.

Nachdem Scharka Kurreck 17 Jahre lang als Stewardess um die Welt geflogen ist, hat Yoga sie wieder geerdet. In ihrem Yoga-Studio in Bornheim unterrichtet sie Yoga ohne tierische Begleitung. Gemeinsam mit der Inhaberin des Ziegenhofes Rösberg, Ilona Kuhnen, ent-

wickelte sie die Idee, Ziegenyoga auf dem Ziegenhof anzubieten – und es entpuppte sich schnell als Erfolgskonzept. Manche üben Yoga auf schwimmenden Brettern aus, andere führen ihre Übungen bei 40 Grad Celsius durch und wieder andere schweben dabei in einem von der Decke hängenden Tuch; warum also nicht Yoga mit Ziegenbegleitung anbieten? Dabei stellt sich manchmal die Frage, wer hier eigentlich Yoga ausübt – Ziege oder Mensch? Zuweilen gibt es noch eine Massage dazu; nämlich dann, wenn eine Ziege einem auf den Rücken klettert und dort herumspaziert.

Jedes Jahr im Frühjahr erblicken auf dem Ziegenhof zahlreiche Zicklein das Licht der Welt. Nach einigen Tagen können sie bereits die Yogastunden begleiten. Die Stunden unterscheiden sich sehr je nach Alter der Zicklein oder Ziegen. Ein winziges Zicklein legte sich einmal bei einer Teilnehmerin in den Schoß und schlief dort ein. Den Rest der Stunde verbrachte sie damit, das Zicklein anzusehen und zu streicheln. Dabei vergaß sie die Welt um sich herum und genoss nur den Moment. Nach ein paar Wochen werden die Zicklein wild und ungestüm. Sie stupsen und knuffen die Teilnehmer, springen über sie hinweg, knabbern an Kleidungsstücken und Haaren und ziehen mit ihren Zähnen Schnürsenkel auf. Die älteren Ziegen sind dann wieder ruhiger, und es gibt Momente, da stellt sich eine Ziege vor einen und man kann den Oberkörper auf ihrem Rücken ablegen. Yoga in Anwesenheit von Ziegen ist weniger eine Sporteinheit als ein unvergessliches Erlebnis – das man am besten zu zweit erfährt, denn dann kann man es sich immer wieder gemeinsam ins Gedächtnis zurückrufen und sich an der Erinnerung erfreuen.

AUSGEWÄHLTE HOFLÄDEN IN UND RUND UM BONN

➤➤ Beim **Ziegenhof Rösberg** kann man gleich nach dem Ziegenyoga regionale und biologische Ziegenprodukte kaufen.

➤➤ Bei **Bioland Apfelbacher** (Tombergstraße 1, 53332 Bornheim) gibt es ein breites Sortiment und man kann selbst ernten!

➤➤ **Biohof Bursch** (Weidenpeschweg 31, 53332 Bornheim) bietet zum Hofladen ein schönes Hofcafé, daneben einen Garten mit Tiergehege und Spielplatz.

➤➤ Auf dem **Bauerngut Schiefelbusch** (Schiefelbusch 3, 53797 Lohmar) lässt es sich im schönen Hofladen einkaufen, im Café Donauwelle genießen, und die Kinder sind auch beschäftigt: im Maislabyrinth, mit dem Kaufladen, mit Kühegucken, mit Springen auf dem Trampolin und ins Heu.

➤➤ Auf dem **Krewelshof** (Krewelshof 1, 53797 Lohmar) kann man im gut sortierten Hofladen einkaufen, die Schau-Käserei besuchen und Kürbis-Kunstwerke bewundern.

➤➤ Auf dem **Leyenhof** (Im Bachele 1b, 53175 Bonn) gibt es Kaninchen, ein Bücherhäuschen, Blumenwiesen.

➤➤ **Schneiders Marktscheune** (Brunnengarten 1b, 53343 Wachtberg) bietet von Beerenfrüchten über Brot und Brötchen aus der Backstube bis zu Feinkost alles an.

➤➤ Zum Sortiment des Engelshofs, **Hofladen Sieglar** (Kerpstraße 2–4, 53844 Troisdorf-Sieglar) gehören Obst und Gemüse aus eigenem Anbau.

➤➤ **Obstplantagen Krämer** (Bonner Straße 1, 53340 Meckenheim) hat ein Naturkostvollsortiment mit großer Demeter-Käseauswahl von Haus Bollheim, Backwaren von einem Demeter-Bäcker, Demeter-Apfelsaft aus reifer eigener Ernte, Säfte und Weine aus dem Ahrtal und Rheinhessen, Fleisch und Wurst aus der Region und vieles mehr.

SICH ZU ZWEIT MIT MASSAGE ERQUICKEN

JUBA SPA

Theaterplatz 28, 53177 Bonn
www.juba-spa.de
ÖPNV: Haltestelle Bonn/Bad Godesberg Bahnhof

Eine werdende Mutter ist immer mit ihrem Lieblingsmenschen unterwegs. Meistens ist das ein wundervolles Gefühl, manchmal aber auch recht beschwerlich. Selbst unkomplizierte Schwangerschaften fordern den gesamten Bewegungsapparat und führen, mit wachsendem Bauch, oft zu Rückenschmerzen und anderen körperlichen Einschränkungen. Sich dann einmal entspannen zu können ist der Bindung zwischen Mutter und Kind förderlich, denn eine ausgeruhte Mutter ist den Herausforderungen von Schwangerschaft und Geburt viel besser gewachsen. Die Verbindung zum im eigenen Körper wachsenden Lieblingsmenschen wird dadurch positiv beeinflusst, denn das Ungeborene nimmt die Stimmungen und Befindlichkeiten der Mutter bereits wahr.

Wohltuend für die werdende Mutter und damit auch das Baby ist eine Massage in der Schwangerschaft. Um diese korrekt durchführen zu können, bedarf es einer besonderen Ausbildung, denn nicht jede Art von Massage ist in der Schwangerschaft empfehlenswert und förderlich. Im Wellnesstempel »Juba Spa«, vor einiger Zeit umgezogen in die Bad Godesberger Innenstadt und hier in freundlichen und hellen Räumlichkeiten angesiedelt, gibt es diese ausgebildeten Fachkräfte.

Was für Mutter und Kind funktioniert, das klappt auch mit dem Partner. Eine Paarmassage ist ein schönes gemeinsames Erlebnis, das verbindet. Bei »Juba Spa« kann man lernen, wie man sich gegenseitig massiert. Neben den Massagen gibt es Kosmetikanwendungen, verschiedene Wellnessangebote und spezielle Angebote für Sportler.

EIN GRÜNES ZEICHEN SETZEN

DER DACHGARTEN AUF DEM HOCHBUNKER

Wilfried-Hatzfeld-Straße 2, 53229 Bonn
www.bv-vilich-mueldorf.de
ÖPNV: Haltestelle Vilich-Müldorf Kirche

Der ehemalige Hochbunker trägt Grün. Genauer gesagt: einen grünen Hut, gefördert vom Bundesumweltministerium. Der Bürgerverein Vilich-Müldorf hatte sich um das überregionale Förderprojekt bemüht und die Zuwendung erhalten. Dadurch konnte auf dem Hochbunker ein Dachgarten mit Hochbeeten und das höchstgelegene Café in Beuel entstehen. Der offizielle Titel des Projektes lautete »Lokale Reduzierung von Treibhausgasemissionen: Urban Gardening in Vilich-Müldorf« und wurde im Jahre 2019 abgeschlossen. Treibhausgasemissionen sollen durch das Projekt nicht nur vermindert werden; auf dem Dach soll auch darüber aufgeklärt werden, wie man das Gärtnern klimafreundlicher gestalten kann. Eine Besonderheit in Vilich-Müldorf ist der aktive Bürgerverein. Etwa 15 Prozent der Einwohner sind Mitglieder im Bürgerverein; das ist ein beträchtlicher Anteil. Und sie sind nicht nur Mitglieder – sie stoßen auch zahlreiche Initiativen an, der Dachgarten ist nur eines dieser Projekte. Man merkt, dass es ihnen wichtig ist, den Stadtteil für alle Bewohner noch lebenswerter zu machen.

Jedes Hochbeet hat einen oder mehrere Pflege-Paten. Dank eines Bewässerungssystems muss nicht jeden Tag gegossen werden. Was man anpflanzt, darf man als Beet-Pate selbst entscheiden – so entstehen wunderbar abwechslungsreiche Beete. Tomaten, Kürbisse, Kartoffeln, Himbeeren, Kräuter, riesige Sonnenblumen, Lavendel: All das wächst in luftiger Höhe. Eines der Hochbeete wird vom ortsansässigen Junggesellenverein gepflegt. Hierin wächst eine junge Birke, die mit

einem roten Herz aus Holz geschmückt ist. Geschmückt beziehungsweise bemalt sind auch die anderen Hochbeete, allesamt farbenfroh und individuell. Beim Betreten des Dachgartens entsteht so sofort ein fröhlicher Eindruck.

Seit der erfolgreichen Beendigung des Projektes kann man an diesem wundervollen Ort in regelmäßigen Abständen sonntags Kaffee und Kuchen auf Spendenbasis inmitten eines Pflanzenparadieses und mit einer herrlichen Aussicht genießen. Die Termine sind auf der Internetseite des Bürgervereins zu finden. Da der Zugang zum Dach nicht barrierefrei ist, werden dann auf dem Platz vor Hochbunker und Mühlenbachhalle Tische und Stühle aufgestellt, die barrierefrei zugänglich sind. Kaffee und Kuchen werden hier selbstverständlich ebenfalls serviert. So können alle zusammenkommen.

Auf knapp sieben Meter Höhe finden immer wieder Veranstaltungen statt. Neben dem Dachgarten-Café ist das zum Beispiel die Dachgarten-Lounge. Hierbei legt ein DJ auf, und es werden Cocktails serviert – mit frischer Minze aus dem Hochbeet! Die Dorfbienen haben hier ein neues Zuhause gefunden, und der Dachgarten ist zu einem Ort des Austausches geworden. Besucher aus anderen Stadtteilen oder auch von weiter her sind herzlich willkommen und nutzen das Angebot gerne. An die Kinder wurde bei der Gestaltung besonders gedacht; sie dürfen an kindgerechten Hochbeeten gärtnern. Bereichert und inspiriert endet der gemeinsame Besuch an diesem Ort, der von einem Ort des aus Angst geborenen Sicherheitsbedürfnisses zu einem Ort der Gemeinschaft und des Umweltschutzes wurde.

BONNER BUNKER – ARCHITEKTONISCHE ZEITZEUGEN

Der Windeckbunker in der Bonner Innenstadt, zentral gelegen und doch gerne übersehen, soll perspektivisch ein für die Öffentlichkeit zugänglicher Ort für Kunst und Erinnerungskultur werden. Im Zuge dessen soll auch die Dachterrasse begrünt und nutzbar gemacht werden. Bei Drucklegung dieses Buches lief eine Machbarkeitsstudie zu diesen Ideen. Außen ist er von Efeu und wildem Wein überwuchert und gilt als schützenswertes Biotop. 1995 wurde er unter Denkmalschutz gestellt. Bisher ist er einmal jährlich am Tag des offenen Denkmals und bei unregelmäßig stattfindenden Führungen zugänglich.

Im Rahmen der BonnerKirchenNacht kann der Tiefbunker unter der Kreuzkirche am Kaiserplatz besichtigt werden.

Der Hochbunker in Poppelsdorf und auch zwei andere Bunker in Bonn wurden nach dem Ende des Zweiten Weltkrieges eine Zeit lang als Studentenwohnheime für männliche Studenten genutzt; eine Bonner Besonderheit, nur in zwei anderen deutschen Städten gab es derart genutzte Bunkeranlagen. Auf den Poppelsdorfer Bunker wurden später Wohnungen gebaut. Ende 2022 wurde der Bunker von dem Künstler Case Maclaim mit einem riesigen Graffito versehen. Zwei versetzte Wände wurden dabei zu einem großen Kunstwerk: »Landschaft mit Kühen«.

EINEN ROMANTISCHEN TAG VERLEBEN

AM RODDERBERG

Die Dämmerung senkt sich langsam herab, Glühwürmchen schwirren umher, Grillen zirpen, und in einiger Entfernung sind die Lichter der Bundesstadt auszumachen. Hier hinauf dringt kein Lärm, nur das leise Lachen anderer später Gäste ist zu vernehmen. Was heute so still und friedlich wirkt, ist vor etwa 550.000 Jahren durch eine gewaltige Eruption entstanden. Dicht unter dem Rodderberg traf einst mehr als 1.000 Grad Celsius heißes Magma auf Grundwasser. Durch die Hitze verdampfte das Wasser, dehnte sich auf das mehr als tausendfache Volumen aus und brachte so den Ausbruch des Vulkans herbei. Vor etwa 250.000 Jahren ereignete sich der bis dato letzte Ausbruch. Heute gilt der Vulkan als erloschen.

Mitten durch den Rodderberg hindurch zieht sich die Grenze zwischen Nordrhein-Westfalen und Rheinland-Pfalz. Er liegt in einem Naturschutzgebiet. Etwa 200 verschiedene Blütenpflanzenarten wachsen hier – über 40 davon stehen auf Nordrhein-Westfalens Roter Liste der gefährdeten Arten. Auch einige bedrohte Insektenarten haben die noch gut sichtbare Bodensenke und das umliegende Gebiet zu ihrer Heimat auserkoren. Ein besonderer Ort also, der durch einen Besuch mit dem Lieblingsmenschen noch an Bedeutung gewinnt.

Ob man sich nun gemeinsam den Sonnenuntergang vom Heinrichsblick aus ansieht, den Bergschafen und Ziegen beim Grasen zuschaut oder sich an bestimmten Abenden im Januar und Februar vom Schlossleuchten der schräg gegenüberliegenden Drachenburg bezaubern lässt; der romantischen Stimmung hier am Rodderberg kann man sich kaum entziehen. Und so passt es nur zu gut, dass sich, unweit vom Rodderberg, am Rolandsbogen, ein Ambiente-Standesamt befindet.

MIT DEM KLEINEN RIESENRAD FAHREN

MÜNSTERPLATZ BONN

Münsterplatz, 53111 Bonn
ÖPNV: Haltestelle Bonn Hauptbahnhof

Die Bonner mögen die Adventszeit und Weihnachten – das kann man in der besinnlichen Zeit an vielen Stellen in der Stadt bemerken. Der Bonner Weihnachtszauber beschränkt sich dabei längst nicht auf die Innenstadt; viele Stadtteile pflegen ihre eigenen Bräuche und erhellen die dunkle Jahreszeit auf ihre ganz individuelle Art und Weise. Einige Bonner Traditionen und Innovationen rund um das Fest seien hier exemplarisch genannt: Im Stadtteil Kessenich werden jedes Jahr Ende November 100 Tannenbäume an den Hauptdurchgangsstraßen verteilt aufgestellt. Schmücken darf jeder, der Freude daran hat. Selbst bei Nieselregen und dicker Wolkendecke sieht Kessenich dadurch bunt und fröhlich aus. Im Stadtteil Holzlar findet jährlich samstags vor dem zweiten Advent in und an der historischen Holzlarer Wassermühle ein stimmungsvoller Weihnachtsmarkt statt: Mit viel Selbstgemachtem, Besuch vom Nikolaus und Musik von Kinderchören sichert er sich einen Platz im ewigen Kalender.

Die Bonner Universität nutzt die vier Türme ihres Hauptgebäudes in der Adventszeit wie einen überdimensionalen Adventskranz – an jedem Adventssonntag wird ein weiterer Turm im oberen Bereich rot erleuchtet. Das Alte Rathaus am Markt verwandelt sich in einen haushohen Adventskalender, an dem jeden Tag eine weitere Zahl hinter einem der Fenster an der historischen Fassade illuminiert wird. Auf dem Post Tower wird in der Vorweihnachtszeit ein Tannenbaum mit Farbwechselscheinwerfern dargestellt. Der Brunnen am Sterntor wird mit Sand verfüllt und mit einer Teerdecke verschlossen, um mehr Platz

Bonner
Riesenrad

für den Weihnachtsmarkt zu schaffen. Die Sternstraße ist von großen beleuchteten Sternen überspannt. Und das große Schaufenster eines Kaufhauses am Münsterplatz mit Hunderten der unterschiedlichsten animierten Steiff-Tieren ist nicht nur bei Kindern sehr beliebt.

Ein ganz besonderes Erlebnis, in dessen Genuss Bonner und Besucher seit 1982 kommen können, ist eine Fahrt mit dem nostalgischen Riesenrad. Traditionell wird es zwischen dem schmucken hellgelben Postgebäude mit den grünen Fensterläden und der imposanten, im Jahr 2022 restaurierten Beethoven-Statue auf dem Münsterplatz platziert. Von hier oben schaut man auf den Münsterplatz und auf sämtliche sich hier befindlichen Weihnachtsmarktstände hinunter. Man kann die hohe Glühweinpyramide am anderen Ende des Münsterplatzes ausmachen, und der Duft von Puderzuckerwaffeln zieht verführerisch herauf. Rund 5.000 Glühbirnen erleuchten das Nostalgie-Riesenrad. Mit seinen zwölf Metern Höhe ist es das perfekte Einsteiger-Riesenrad für Kinder, die sich das erste Mal in ein solches Fahrgeschäft wagen – hier trübt keine Höhenangst den Fahrspaß. Die Fahrt ist allerdings deutlich flotter, als man vermuten würde! Dick eingepackt in Mantel und Wollmütze, den Schal bis zur Nasenspitze hochgezogen, kann man hier oben mit dem kleinen Herzensmenschen Handschuh-Händchen halten und sich über die staunenden Augen freuen. Vom Riesenrad aus schaut man auch aus einer anderen Perspektive auf das Bonner Münster. Dieses bietet ebenfalls eine Bonner Weihnachtsbesonderheit: eine Krippe, die die Weihnachtsgeschichte von der Vergangenheit in die Gegenwart verlegt – vor Bonner Silhouette!

MIT DEM LIEBLINGSMENSCHEN

Zusammen kreativ werden

ZAUBERHAFTE BLUMEN-ARRANGEMENTS KREIEREN

IKEBANA MIT AKIKO KANEKO

Terminvereinbarung: bonn.ikebana@gmail.com

Akiko Kaneko nimmt die Teilnehmer ihrer Ikebana-Kurse mit in ihre Heimat Japan. Sie tut dies, indem sie ihnen ein Stück der Kultur ihres Heimatlandes nahebringt. Ikebana, die Kunst des Blumenarrangierens, hat eine lange Tradition in Japan. Wie wir uns auf dieses Erlebnis einlassen und was wir dabei lernen können, das zeigt sie uns.

Wir müssen uns damit abfinden, dass wir höchstens an der Oberfläche dessen kratzen können, was Ikebana beinhaltet. Wie andere japanische Traditionen auch – beispielsweise die Teezeremonie und die Kalligraphie – ist die Meisterschaft darin an einen lebenslangen Lernprozess geknüpft. Auch Akiko Kaneko lernt noch; einmal in der Woche nimmt sie Fernunterricht bei einer Ikebana-Meisterin.

Im Anfängerkurs können aber Grundaufbau und -ästhetik vermittelt werden. Es gibt zwar Lehrbücher, doch es geht deutlich leichter von der Hand, wenn man einen Lehrmeister an seiner Seite hat. Frau Kaneko unterrichtet nach den Lehrsätzen der Ohara-Schule; diese ist eine der größten von mehr als 300 verschiedenen Ikebana-Schulen in Japan.

Der größte Unterschied zu Blumensträußen, wie man sie aus anderen Teilen der Welt kennt, ist die Reduzierung im Ikebana. Die Schönheit einer einzelnen Blume, eines einzelnen Zweiges, soll betont werden. Was sich darumgruppiert, dient allein diesem Zweck. Daher werden die Elemente Hauptzweig, Gast und Füller genannt.

Zentraler Gestaltungstipp ist, durch gezielte Anordnung das Gleichgewicht im Raum aufzulösen. In dieser Tätigkeit kann man zur Ruhe finden, sie erdet – sie kann aber auch eine energetisierende Wirkung haben.

IM URBANEN GARTEN AUSSPANNEN

PROJEKT STADTFRÜCHTCHEN

Am Nesselroderhof 10, 53111 Bonn
www.stadtfruechtchen.de
ÖPNV: Haltestelle Bonn Bertha-von-Suttner-Platz

Eine schöne Art, sich mit dem Lieblingsmenschen noch enger zu verbinden, ist ein gemeinsames Projekt. Es gilt, etwas zu finden, das beiden Spaß macht und bei dem beide von dem Ergebnis profitieren können. Eine Idee hierfür ist das gemeinschaftliche Gärtnern. Zusammen überlegen, was man mag und anbauen möchte, einsäen, sich um die Pflanzen kümmern und abschließend eine reiche Ernte einfahren – das ist eine Erfahrung, die zusammenschweißt. Aus dem Ertrag kann man dann köstliche Menüs zaubern und miteinander genießen.

Wer keinen eigenen Garten zur Verfügung stehen hat, dem sei der Garten der StadtFrüchtchen ans Herz gelegt. Das Gartentor steht jedem offen, man darf sich umschauen, in der Hängematte liegen oder picknicken. In Absprache mit der Gartengemeinschaft und nach Zahlung eines einmaligen Aufnahmebeitrages darf man in den Hochbeeten Pflanzen züchten. Die erfahrenen Gärtner geben ihr Wissen gerne an Neulinge weiter, und zwischen Tomatenpflanzen und Salatsetzlingen wurde auch schon so manch neuer Kontakt geknüpft.

Ziel der Gründerinnen des Projekts ist es, Bonn lebenswerter zu machen. Imke Feist und Miriam Brink möchten zeigen, dass man auch mitten in der Stadt Obst, Gemüse und Kräuter anbauen kann. Besonders wichtig ist es ihnen, den Anbau von regionalen und seltenen Sorten zu stärken und ein Bewusstsein für Saisonalität zu schaffen. Sie sind damit Teil des Netzwerkes »Bonn im Wandel«, welches sich dem Thema Nachhaltigkeit in verschiedenen Bereichen widmet.

ZEICHNEN, MALEN, GESTALTEN – FREUDE EMPFINDEN

ATELIER AM SONNTAG

Helmut-Kohl-Allee 2, 53113 Bonn
www.kunstmuseum-bonn.de
ÖPNV: Haltestelle Bonn Heussallee/Museumsmeile

»Vorhang auf im Papier-Theater!«, »Zauberwesen« oder »Das Chamäleon ist immer anders farbig« sind nur einige der Themen, zu denen beim »Atelier am Sonntag« im Kunstmuseum Bonn Kunstvermittlung betrieben wird. Es richtet sich an Gäste jeden Alters, jeder ist willkommen. Menschen mit Förder- und Assistenzbedarf sind nicht nur herzlich eingeladen; Künstler des Kunsthauses KAT18 gestalten auch immer wieder Sonntagsateliers im Tandem mit einem Kunstvermittler. Alle Menschen sollen hier ein schönes Erlebnis haben, die Möglichkeit bekommen, künstlerisch tätig zu werden, und inspiriert und mit neuen Impulsen wieder nach Hause gehen.

Die Inhalte der Veranstaltung lehnen sich häufig an die aktuelle Kinderausstellung an. Jede Kinderausstellung bietet ein anderes, neues Schwerpunktthema. In der restlichen Zeit sind die Themen auf die Wechselausstellung des Museums, vor allem auf die Sammlungspräsentation bezogen. Widmet sich die Wechselausstellung beispielsweise der künstlerischen Gestaltung von Papier, dann wird die Reihe um diesen Schwerpunkt herum entworfen. Viele Facetten von Papier werden dabei beleuchtet; es gibt einen Papier-Flohmarkt, Geschenkpapier wird selbst gemacht, Pflanzendrucke auf Papier angefertigt. Bei dieser beeindruckenden Vielfalt fällt es leicht, ein passendes Thema für einen Besuch zu finden, ob man sich nun besonders für »Anpassung und Tarnung: Versteckspiel im Museum«, eine »Skulpturen-Werkstatt« oder »Leporellos mit Pflanzen-Variationen« begeistern kann.

ZUSAMMEN EINEN ROBOTER BAUEN

MAKERSPACE BONN E.V.

Kennedyallee 18, 53175 Bonn
www.makerspacebonn.de
ÖPNV: Haltestelle Bonn Hochkreuz/Deutsches Museum Bonn

Es surrt und schnurrt leise in diesem Raum. Hier stehen, einer neben dem anderen, 3D-Drucker. Einer von ihnen trägt gerade Schicht für Schicht einen besonderen Kunststoff auf. Nach einigen Stunden ist ein kleiner Roboter fertig gedruckt. In dem Raum steht außerdem eine Cloud zum Anfassen und Begreifen. In einem anderen Raum sind in Regalen bis an die Decke Aufbewahrungsboxen mit verschiedensten Gegenständen gestapelt. Auf einer der Boxen steht »Krempel«, auf einer anderen »Klimbim«. Die Betreiber des MakerSpace Bonn e.V. haben Humor – und sie brennen für ihr Projekt.

Ideen und Innovationen, wo man nur hinschaut. Irgendjemand bastelt hier immer an einer Erfindung, überall stehen Maschinen und Materialien. Ein selbst gießender Blumentopf namens »Lazy Leaf«, der es schon in die bekannte Investorensendung »Die Höhle der Löwen« geschafft hat und dessen Erfinder Georg Pröpper hier einen lukrativen Deal an Land ziehen konnte, steht auf einem langen Tisch in der Mitte des Raumes. Georg Pröpper ist der Bruder von Peter Pröpper, mit Salim Deeb Vorstandsmitglied des MakerSpace. Dem merkt man die Begeisterung an, wenn man mit ihm über sein Herzensprojekt spricht. Er verfolgt damit diverse Ziele: möglichst vielen Kindern dank niedrigschwelliger Angebote den Zugang zu Wissen zu ermöglichen. So soll ihr Technikverständnis gefördert und ihr Weg in einen Beruf mit Zukunft geebnet werden. Bei allen Interessierten soll der Grundstock für besseres Technikverständnis gelegt werden. Auf vorhandenem

Wissen gilt es aufzubauen, auch um zum Beispiel mit Repair-Cafés gegen die Wegwerfmanie anzukämpfen. Viel von dem »Krempel und Klimbim« wäre weggeworfen worden, hätten sich Peter Pröpper und sein Team nicht auf die Fahne geschrieben, aktiv bei der Müllvermeidung zu helfen. Fahrradkuriere bringen ihnen beispielsweise alte Akkus von ihren Elektrofahrrädern vorbei, deren Leistung für ihre Zwecke nicht mehr ausreicht, die man aber anderweitig noch verwenden kann.

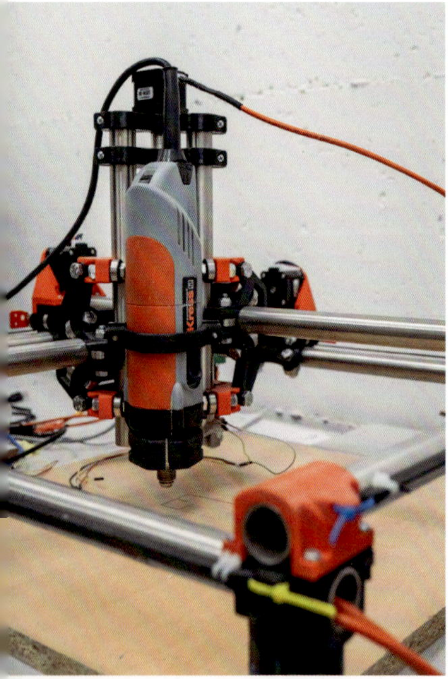

In einem Regal stehen mit den 3D-Druckern hergestellte Figuren und Roboter. So einen Roboter zu entwerfen, mit dem 3D-Drucker drucken zu lassen und ihn zu programmieren, kann man hier lernen. Wer sich aufgrund mangelnden Technikverständnisses allein vielleicht nicht traut, einen solchen Kurs zu belegen, der nimmt seinen Lieblingsmenschen mit. Zu zweit macht es ohnehin viel mehr Spaß – und auch Kinder können schon einen solchen Kurs belegen. Man braucht sich aber gar nicht zu sorgen, dass man etwas nicht verstehen könnte. Alle werden dort abgeholt, wo sie stehen, nachfragen ist erlaubt und erwünscht. Am Ende hat man etwas geschaffen, was man vor dem Kurs nicht für möglich gehalten hätte. Das erfüllt mit Stolz – und was könnte schöner sein, als ein solches Gefühl mit dem Lieblingsmenschen zu teilen?

Wem das Roboterbauen und -programmieren gefallen hat, der interessiert sich bestimmt auch für einen der anderen angebotenen Kurse. Fünf Nähmaschinen und eine Stickmaschine stehen für Handarbeitsbegeisterte bereit, man kann lernen, wie man Kunststoff recycelt, Holz und Metall bearbeitet, Spiele und Apps programmiert, ein Tiny House baut, wie künstliche Intelligenz funktioniert und wie man ein Haus zu einem Smart Home machen kann.

REPAIR-CAFÉS IN BONN

Mit einem kaputten Gegenstand zu einem Repair-Café gehen, statt ihn wegzuwerfen und neu zu kaufen: eine nachhaltige und gesellige Alternative, bei der man auch noch etwas lernt.

In Bonn zum Beispiel hier möglich:

- **Repair-Café Lannesdorf/Mehlem,** Haus der Frauenhilfe, Ellesdorfer Straße 52, 53179 Bonn. Schwerpunkte: Kleinelektrogeräte, Holz. Jeden ersten Freitag im Monat von 15 bis 17 Uhr, mit Voranmeldung.
- **Repair-Café Pennenfeld,** Maidenheadstraße 18, 53177 Bonn. Jeden dritten Freitag im Monat von 15 bis 17 Uhr.
- **Repair-Café Ermekeilinitiative e.V.,** Reuterstraße 63, 53115 Bonn. Jeden dritten Samstag im Monat von 14 bis 17 Uhr.
- **Repair-Café Friesdorf,** Jugendkeller Pauluskirche, In der Maar 7, 53175 Bonn. Schwerpunkte: Reparatur von elektrischen und elektronischen Kleingeräten, Haushaltsgegenständen, Holzgegenständen, Fahrrädern, Nähmaschinen, Spielzeug. Jeden zweiten Freitag im Monat von 15:30 bis 17:30 Uhr.
- **Repair-Café Tannenbusch,** Haus Vielinbusch, Oppelner Straße 130, 53119 Bonn. Jeden zweiten Samstag im Monat von 13 bis 17 Uhr.
- **Repair-Café Caritas Brüser Berg,** Celsiusstraße 1–3, 53125 Bonn.

Weitere Informationen unter www.repaircafesbonn.de.

KERAMIK KREATIV BEMALEN

FRAU KRAMER

Sternenburgstraße 38, 53115 Bonn
www.frau-kramer.de
ÖPNV: Haltestelle Bonn Kirschallee

Das Ladenlokal von Frau Kramer in Bonn-Poppelsdorf ist so gemütlich und die Dekorationselemente so liebevoll aufeinander abgestimmt, dass man sich sofort wohlfühlt. Es ist zudem eine einzige Inspirationsquelle, denn auf Regalen und Tischen stehen abwechslungsreich gestaltete Keramiken, die die verschiedensten Techniken und Motive aufweisen. Diesem Ort wohnt ein besonderer Zauber inne, denn hier merkt man nicht, wie die Zeit vergeht – im Nu sind drei Stunden vergangen, in denen man sich auf seinen Keramikrohling konzentriert und im Farbenrausch immer neue Techniken ausprobiert hat. Nach einer Einführung wählt man aus, was man bemalen möchte – aus schönsten Stücken mattweißer Rohkeramik.

Schalen, Teller, Becher, Dosen, Vasen oder Kuchenplatten können mit den Lieblingsfarben gestaltet werden. Die Farben sind allesamt ungiftig, lebensmittelecht und wasserlöslich. Nach einer Woche darf man seine Werke abholen und hat nicht nur eine schöne Zeit verbracht, sondern auch einen bleibenden Wert geschaffen. Die Stücke eignen sich zudem sehr gut als Geschenke, und auch einen Besuch bei Frau Kramer kann man wunderbar an einen lieben Menschen verschenken und hier gemeinsam Zeit verbringen. Andrea Kramer hat das erste Keramikmalstudio Bonns gegründet und es sich zum Ziel gesetzt, dass die Kunden zufrieden sind und ein schönes Ergebnis mit nach Hause nehmen. Sie bietet Keramikmalen bei Freundinnenabenden, Junggesellinnenabschieden, Geburtstagsfeiern und Firmenevents an. Natürlich kann man, nach Anmeldung, auch ohne einen besonderen Anlass zum Malen kommen.

EIN INDIVIDUELLES SCHMUCKSTÜCK FERTIGEN

ATELIER KLIEEISEN

Langenbachstraße 27, 53113 Bonn
www.klieeisen.de
ÖPNV: Haltestelle Bonn Johanniter-Krankenhaus

»Viertel vor acht« im Schmuckatelier von Christiane Klieeisen. Wer jetzt denkt, dass es sich hier um die Uhrzeit handelt, irrt. Zwar orientiert sich die Angabe für das Schmuckbrettchen an der Stellung von Minuten- und Stundenzeiger, doch damit hören die Gemeinsamkeiten auch schon auf. Mithilfe eines Schmuckbrettchens kann man Perlen nämlich so legen, wie sie später am Armband angeordnet sein sollen. »Viertel vor acht« zeigt den Durchmesser des Handgelenks an. Bei der Freundin kann die »Uhrzeit« also auch eine andere sein.

Das Perlensortiment von Christiane Klieeisen ist beeindruckend reichhaltig und farbenfroh. In einer großen Schale präsentiert sie einen Teil ihrer Schätze. Einmal erblickt, kann man die Augen nicht mehr davon lassen, und es ist zu verlockend, mit der Hand über die Perlen zu streichen, sie mit den Fingern umzuschichten, um immer wieder andere Stücke zu finden. Beim Auffädeln des Armbandes wird es dann knifflig: Welche gefallen mir besonders gut, welche passen zueinander?

Seit über 20 Jahren gibt Christiane Klieeisen ihre Faszination für Perlen weiter – bei Junggesellinnenabschieden, Firmenfeiern, Freundinnenabenden. Bei schönem Wetter bietet sie ihre Schmuck-Kurse im Garten an. Was man anfertigen möchte, kann man vorher mit ihr absprechen. Möglich sind beispielsweise Halsketten, Armbänder oder Ohrringe. Das selbst kreierte Schmuckstück ist eine schöne und bleibende Erinnerung an gemeinsam verbrachte Stunden.

CHRISTIANE KLIEEISEN

KUNSTVOLL SCHÖNSCHREIBEN

HANDLETTERING BEI »MADE IN BONN«

Vorgebirgsstraße 3, 53111 Bonn
www.made-in-bonn.de
ÖPNV: Haltestelle Bonn Stadthaus

»Das A malt ihr bitte so, als würde es aus gekochten Spaghetti bestehen!« Stutzen, amüsierte Gesichter, die Blicke der Kursteilnehmerinnen wandern zu Kursleiterin Lisa Seiler. Dann senken sich Stifte auf Papier, konzentriert werden die geschwungenen Linien gezogen. In dieser Art geht es weiter im Alphabet: eine Übung, bei der jeder Buchstabe sorgfältig gestaltet wird. Das B soll aus Blättern gebildet werden, das E an einen Heliumballon erinnern und das J einen Schatten werfen. Vergleicht man am Ende sein Ergebnis mit den Ergebnissen der anderen Teilnehmer, dann wird man überrascht sein – denn es gibt viele verschiedene Interpretationen, und die Ausführungen unterscheiden sich teils deutlich voneinander. Eine Teilnehmerin hat das L, das aus Sand bestehen soll, minimalistisch gehalten – eine andere hat sehr viele kleine Punkte dicht nebeneinandergesetzt.

Nach einer allgemeinen Einführung wird vermittelt, wie mit einem Pinsel-Stift oder Brushpen umzugehen ist. Mit dieser Kombination aus Pinselspitze und Filzstift können unterschiedlich dicke Linien gezogen werden. Ein Strich nach oben wird ohne Druck ausgeführt, ein Strich nach unten mit Druck. Dabei darf bei dem Strich nach unten fest aufgedrückt werden, der Stift leidet nicht darunter. Man beginnt mit geschwungenen Bögen, nähert sich damit an den Buchstaben M an. Es wird still im Kursraum, lediglich ein gemeinschaftliches – nicht unangenehmes – Quietschen ist noch zu hören, wenn die dicken Striche nach unten gezogen werden. Spätestens an diesem Punkt merkt man,

Denise
Denise

dass man sich nur noch auf die Schwünge und den Wechsel zwischen dicken und dünnen Strichen konzentriert und kein Raum mehr für andere Gedanken bleibt. Ein angenehmes Gefühl – die volle Konzentration wird der Ausführung der Linien geschenkt, das Aufgaben- oder gar Sorgenkarussell im Kopf hört auf sich zu drehen. Lisa Seiler erzählt, dass Teilnehmerinnen schon ihren eigenen Namen falsch geschrieben hätten, weil sie ihre gesamte Aufmerksamkeit der Linienführung widmeten.

Diese mentale Auszeit ohne Stress, die an die meditativen Schreibübungen von Mönchen erinnert, findet in dem ansprechenden Ambiente eines hübschen Bonner Altstadthauses statt. Neben dem Handlettering bietet die Grafikdesignerin, die sich in ihrem Studium schwerpunktmäßig mit Illustration, Typografie und Konzeption befasst hat, auch Nähkurse an. Für sie ist es spannend, viele verschiedene Menschen kennenzulernen. In der überwiegenden Mehrzahl sind es Frauen, die an ihren Kursen teilnehmen. Man kann individuell mit ihr einen Termin vereinbaren, zum Beispiel für eine Geburtstagsfeier oder einen Junggesellinnenabschied. Bei Letzterem bietet es sich an, die Einladungskarten für die Hochzeit anzufertigen. Es werden auch Kurse angeboten, bei denen es ausschließlich um die Gestaltung von Karten geht, zu Themen wie Geburtstag, Ostern oder Weihnachten. Lisa Seiler mag diesen praktischen Aspekt: Sowohl bei den Handlettering-Kursen als auch bei den Nähkursen kann man das Ergebnis gebrauchen und mit nach Hause nehmen. Damit das schlotternde S, das musikalische M und das eckige G auch zu Hause einen lustigen Buchstabenreigen tanzen können, kann man bei ihr ein Übungsheft mit Lettering-Alphabeten und die speziellen Stifte erwerben.

NOTIZEN

LIEBLINGSMENSCHEN UNTERWEGS

DEN GRÜNEN DAUMEN KULTIVIEREN

GRÜNE LERNWERKSTATT

Meckenheimer Allee 171, 53115 Bonn
www.botgart.uni-bonn.de
ÖPNV: Haltestelle Bonn Am Botanischen Garten

Was wäre, wenn man als Familie gemeinsam dank eines magischen Portals einen Blick in eine andere Welt werfen könnte? Solche Portale werden in der 2022 neu eröffneten »Grünen Lernwerkstatt« in den Botanischen Gärten für Experimente zur Verfügung gestellt und sie heißen Mikroskop, Binokular und Lupe. In dem hellen und freundlichen Raum, der vor allem in einer Farbe erstrahlt – Grün –, kann man in den Mikrokosmos der Pflanzenwelt eintauchen. Dabei werden Blütenpollen und andere verborgene Schätze sichtbar. Aus einem Katalog mit Themen können sich Interessierte für Familienworkshops und Kindergeburtstage das passende Angebot heraussuchen. Eine gemütliche Ecke mit Spielen und Büchern mit Natur- oder Naturwissenschaftsbezug machen das Angebot rund.

Kinder haben die Gelegenheit, sich in aller Ruhe und unter fachkundiger Anleitung mit den faszinierenden Phänomenen der Flora zu beschäftigen. Bei Versuchen mit Pflanzenfarben oder Photosynthese-Experimenten schlüpfen sie in die Rolle von Forschern. Was passiert, wenn man eine Petrischale mit einem Samen, der Wurzeln geschlagen hat, um 90 Grad dreht? Die Wurzeln wachsen wieder nach unten und es entsteht ein Knick in ihnen. Solche anschaulichen Experimente machen praktisch erlebbar, was in der Schule oder bei Führungen durch den Botanischen Garten theoretisch vermittelt wird. Die Grüne Lernwerkstatt ist ein Jubiläumsprojekt der Bonner Universitätsstiftung, und die Angebote werden kontinuierlich weiterentwickelt.

MIT DEM GOLDSTÜCK ETWAS ÜBER GOLDSTÜCKE LERNEN

GOLDSCHMIEDE WEINGARZ

Friedrich-Breuer-Straße 75, 53225 Bonn
www.goldschmiede-weingarz.de
ÖPNV: Haltestelle Bonn-Beuel Rathaus

Wann bekommt man schon mal die Möglichkeit, in eine Goldschmiede hineinzuschnuppern und Fragen rund um Material und Fertigung zu stellen? Bei den Werkstattgesprächen in der Goldschmiede Weingarz darf man dem Goldschmiedemeister Hans-Joachim Weingarz bei seiner Arbeit über die Schulter schauen. Einzige Voraussetzung dafür ist eine Terminabsprache vorab.

Er fertigt Schmuckstücke in Handarbeit, vom Goldstück bis zum Schmuckstück, häufig nach Kundenwunsch. Dabei verwendet er nur Edelmetall, das aus der Wiederverwertung stammt und neu raffiniert wurde. Seine Kunden wollen kein Industrieprodukt – sie möchten ein Liebhaberstück erwerben, das eine Handschrift trägt. In einem individuellen Kundengespräch wird eine grobe Beschreibung in eine konkrete Vorstellung übertragen.

In der hellen Werkstatt mit Blick in den Garten steht ein klassischer Goldschmiedetisch mit vier Lederschürzen. Diese dienen dazu, die Reste aufzufangen, die bei der Bearbeitung entstehen. Mit ungefähr 10 Prozent Verarbeitungsverlust muss gerechnet werden; durch die Schürze wird der Verlust minimiert. Die Werkstatt muss regelmäßig gereinigt werden – das Putzwasser ist trotz der Schürzen das edelste, das weit und breit zu finden ist. »Edelputzwasser mit Goldanteil«, sagt Herr Weingarz mit einem Lächeln. So ein Werkstattgespräch könnte ein schöner Anlass sein, sich oder seine Liebsten danach mit einem handwerklich gefertigten Schmuckstück zu überraschen.

IN DER NATUR TROMMELN

TROMMELKURS

Rochusstraße 206 (im Keller), 53123 Bonn-Duisdorf
www.derdino.com
ÖPNV: Haltestelle Bonn Rathaus Hardtberg

Manchmal braucht es ein besonderes Ereignis oder Erlebnis, um auf einen guten Weg zu finden und seinem Leben eine positive Wendung zu geben. So geschehen bei Dino Chinopoulos, als er auf dem Bonner Münsterplatz das erste Mal seine beiden späteren Trommellehrer hörte. Die Musik berührte ihn tief – so tief, dass er nicht weitergehen konnte. So blieb er, kam ins Gespräch mit den beiden Trommlern und begann bald darauf, Unterricht bei ihnen zu nehmen. Es stellte sich heraus, dass diese besondere rhythmische Musik ihm den Halt im Leben geben sollte, den er zu diesem Zeitpunkt brauchte.

Die in diesem Buch vorgestellten Aktivitäten und Erlebnisse sind auch deshalb so besonders, weil die Menschen, die sie anbieten, die Begeisterung dafür authentisch leben. Dino Chinopoulos gibt seine Begeisterung in seinen Trommelkursen weiter. Diese finden in seinem gemütlichen Proberaum in Bonn-Duisdorf und bei gutem Wetter auch in einem Waldstück im Stadtbezirk Hardtberg oder an der »Copacabonna«, dem Strandabschnitt unterhalb des Bootshauses in Oberkassel, statt.

Er bietet Anfängern immer wieder die Möglichkeit, in Schnupperstunden herauszufinden, ob das Trommeln auch in ihnen eine Saite zum Klingen bringt und eine Seite ihrer Persönlichkeit erstrahlen lässt, die sie noch nicht kannten. Zunächst wird gelernt, einen gemeinsamen Rhythmus in der Gruppe zu spielen; dann werden immer mehr Rhythmen miteinander kombiniert. Das kann man besonders gut gemeinsam mit einem Menschen machen, mit dem man eine spezielle Verbindung spürt, mit dem man schon einen gemeinsamen Rhythmus hat.

HERZEN AUF MILCHSCHAUM ZAUBERN

KAFFEE-WORKSHOPS BEI RUTH AUSSENHOFER

Königswinterer Straße 116, 53227 Bonn
www.schwarzkehlchen.de
ÖPNV: Haltestelle Bonn Limperich Nord

Auf dem morgendlichen Weg zur Kaffeemaschine hat es sicher schon so manch unabsichtlichen Zusammenstoß gegeben. Kurz nach dem Aufstehen und vor der ersten Tasse Kaffee funktioniert die Koordination noch nicht optimal. Gut, wenn man wenigstens mit dem Lieblingsmenschen zusammenprallt – möglichst nicht zu heftig. Für wen Kaffee nicht nur Mittel der Wahl zum Aufwachen und wach bleiben ist, sondern wer besondere Ansprüche an die Qualität hat und mehr über verschiedene Zubereitungsmethoden und die Kunst der Milchschaum-Verzierung lernen möchte, der ist in einem Workshop bei Ruth Außenhofer bestens aufgehoben.

Ruth ist nicht nur passionierte Kaffeetrinkerin, sie verfügt auch über ein umfangreiches Wissen rund um Anbau, Geschmacksunterschiede, Röstverfahren, Kaffeehandel und den Unterschied zwischen Spezialitäten- und Supermarktkaffee. Sie hat unter anderem bei »The Chemex Cup 2018« des Berlin Coffee Festivals die goldene Chemex-Kanne gewonnen. Bei Wanderungen nimmt sie eine AeroPress sowie eine mit heißem Wasser gefüllte Thermoskanne mit, um sich mitten im Wald eine Tasse frischen Kaffee aufbrühen zu können. Und bei Aufenthalten in Hotels hat sie immer ihr Kaffee-Reiseequipment dabei.

Hiermit befinden wir uns auch schon mitten in einem ihrer inspirierenden Kurse – beim Filterkurs stehen, aufgereiht auf einem langen Holztisch, zehn verschiedene Gerätschaften zur Kaffeezubereitung, die dem Bereich Filterkaffee zuzuordnen sind. Zumindest eine davon wer-

den die wenigsten kennen – einen Syphon-Kaffeebereiter, der wirkt wie direkt aus dem Chemielabor entsprungen. Die Kaffeezubereitung mit dieser Maschine ist ein Fest für die Sinne: Es duftet, leuchtet, blubbert – und der Kaffee schmeckt vorzüglich. Zur illustren Sammlung gehören

außerdem ein Mokka-Kännchen, eine Karlsbader Kanne, eine AeroPress, ein Clever Dripper, eine French Press, ein von Melitta Bentz erfundener Kaffeefilter, ein Kalita Filter, eine V60 und eine Chemex. Die speziellen dazugehörigen Papierfilter entfalten ihre ganz eigene Ästhetik – für die Zubereitung mit der Chemex muss der Papierfilter auf eine bestimmte Art und Weise gefaltet werden, die an Origami-Faltkunst erinnert. Die Begeisterung von Ruth für ihr Thema ist ansteckend. Zusätzlich zu ihren Kaffeemaschinen nutzt sie weiteres Zubehör – ein Refraktometer, um die Anzahl der gelösten Teilchen zu messen, Waagen, um Kaffee- und Wassermenge exakt zu bestimmen, verschiedene Mahlwerke. Sie empfiehlt, Kaffee in Röstereien zu kaufen und die Kaffeebohnen entweder zu Hause selbst zu mahlen oder sie frisch in der Rösterei mahlen zu lassen.

Bei ihren Barista-Kursen ist ein Schwerpunkt die Zubereitung von Espresso mit der Siebträgermaschine. Hier weist Ruth auf mögliche Fehlerquellen hin, damit der Kaffeegenuss zu Hause dem im Café in nichts nachstehen muss. Bei allen Kursen darf man selbst aktiv werden: Kaffee mahlen und brühen, Espresso zubereiten, Milchschaum gießen, verkosten. Besonders viel Freude macht es, wenn der liebste Mensch, mit dem man morgens regelmäßig ein Stelldichein vor der Kaffeemaschine hat, mit von der Partie ist. Dann kann man sich schon bald gegenseitig ein Herz auf den Milchschaum des Morgenkaffees zaubern. Ganz sicher wird man das Kaffeetrinken nach dieser Erfahrung ausgiebiger zelebrieren und Kaffee bewusster kaufen.

EINE AUSWAHL VON KAFFEERÖSTEREIEN IN BONN

➼ **Der Kaffeeladen,** Rösterei und Café, Obere Wilhelmstraße 25, 53225 Bonn:
Es wird Wert gelegt auf fairen Handel und nachhaltigen Kaffeeanbau. Der Rohkaffee wird daher von Händlern bezogen, die den Kaffee direkt bei Kaffeebauern und lokalen Kooperativen einkaufen. Im schönen Café kann man Duft und Geschmack genießen.

➼ **Bonner Kaffeebrennerei,** Rösterei und Kaffeeschule mit Workshop-Angebot, Klara-M.-Faßbinder-Straße 6, 53121 Bonn:
Hier wird handwerklich geröstet im Trommelröstverfahren. Die Räumlichkeiten werden auch für Workshops der Bonner Kaffeeschule genutzt. Einmal im Monat gibt es einen Werksverkauf vor Ort, die Termine werden auf der Internetseite bekannt gegeben.

➼ **Kaffeekontor Bonn** GmbH, Rösterei und Ladengeschäft, Maxstraße 10, 53111 Bonn:
Christiane Hattingen legt Wert auf hochwertige Kaffeesorten, Röstung von Hand, Fairness und Nachhaltigkeit. Die Rösterei und mehrere Kaffeesorten wurden bereits ausgezeichnet.

➼ **Curiosity Coffee Co.**, Rösterei und Fabrikverkauf, Siemensstraße 17, 53121 Bonn:
Die Termine für den Fabrikverkauf werden auf der Internetseite bekannt gegeben. Bei Curiosity Coffee röstet Brendan Ogilvie, der in Kanada schon als Barista und Röster in Specialty Coffee Shops gearbeitet hat.

➼ **Kaffeerösterei Adot,** Rösterei und Café, Königstraße 78, 53115 Bonn

SEIN GLÜCK SELBST SCHMIEDEN

FEUERZEIT MIT WERNER WIERICH

Königswinterer Straße 321, 53227 Bonn
www.feuerzeit-bonn.de
ÖPNV: Haltestelle Bonn Schießbergweg

Der Schmied Werner Wierich aus Bonn-Küdinghoven hat zwei Eisen im Feuer. Ein berufliches Standbein ist das klassische Schmiedehandwerk mit Auftragsarbeiten. Das andere ist sein Kursangebot. Er bietet Schmiedekurse an, nach Wunsch verbunden mit einem Coaching. Kurse für Väter und Söhne, für Frauen, sogar für Kinder. Eine Idee, die für den Schmied in vierter Generation ein besonderes Anliegen darstellt und für die er gekämpft hat – auch gegen Bedenken aus der eigenen Familie. Sein Vater sah es kritisch, Laien am Amboss mit dem glühenden Eisen arbeiten zu lassen. Doch der Sohn zerstreute die Zweifel des Vaters. Er überzeugte ihn schließlich so sehr von seinem Konzept, dass der Vater ihm dafür Anerkennung zollte. Der Vater-Sohn-Beziehung können sich bei ihm Kursteilnehmer des entsprechenden Kurses widmen. Vielleicht haben sie sich einander entfremdet, vielleicht möchten sie aber auch eine gute Bindung hier weiter vertiefen – all das wird möglich in Werner Wierichs Schmiede, an der Esse und am Amboss.

Er macht ein Angebot, das man annehmen kann, aber nicht muss. Man kann auch lediglich sein Werkstück schmieden und mit dem guten Gefühl, eine körperliche Arbeit ausgeführt zu haben und das Ergebnis davon in den Händen halten zu können, wieder nach Hause gehen. Man kann sich aber auch ganz dem Erlebnis hingeben. Beim Schmieden sollte man sich komplett auf sein Tun konzentrieren, für schwere Gedanken bleibt hierbei kein Raum. Die Hammerschläge müssen präzise und mit der richtigen Krafteinwirkung erfolgen. Viel

Zeit bleibt nicht, denn das Eisen erkaltet schnell wieder. Die Ruhephase an der Esse, während der sich das Eisen in der Glut erhitzt und dadurch formbar wird, kann zur Meditation genutzt werden. Die Erkenntnis, dass ein so schweres und hartes Material durch den Kontakt mit dem Feuer verändert, verwandelt werden kann, stößt auch innere Wandlungsprozesse an.

An der Esse spürt man, wie das Gesicht vom Feuer gewärmt wird. Man wartet darauf, dass das Eisen die richtige Temperatur erreicht. Es ist ein Erlebnis, das dazu angetan ist, für immer in Erinnerung zu bleiben. Ob man es mit dem Vater oder dem Sohn, mit der Schwester oder dem Freund erlebt – auch Jahre später wird es keiner Worte bedürfen, um zu spüren, wie die gemeinsame Erfahrung einen zusammengeschweißt hat. Wer sich darauf einlässt, kann viel über sich selbst lernen, über Angewohnheiten, die möglicherweise das Fortkommen oder sogar das Glücklichsein beeinflussen. Den Hang zum Perfektionismus abzulegen und dennoch Zufriedenheit mit dem Ergebnis des Tuns zu empfinden, fällt vielen schwer. Das entstandene Werkstück mag nicht perfekt sein – doch es ist einzigartig. In den Kursen kann man die verschiedensten Werkstücke schmieden: einen Gong, ein Messer, eine Schale, eine Spirale. Je nach Gruppendynamik entstehen Gespräche, oder es wird still gearbeitet. Das Interesse von Werner Wierich an der Begleitung von Menschen durch persönliche Krisen manifestierte sich früh. Er hat unter anderem als Entwicklungshelfer in Uganda gearbeitet und zahlreiche Weiterbildungen im persönlichkeitsbildenden Bereich gemacht. Seine beiden Eisen im Feuer bilden die zwei Bereiche seines Herzens ab, die beide dort vereint sind – das eine für das Schmiedehandwerk und das andere für den Menschen und seine Gefühlswelten.

INSTAGRAM

#LIEBLINGSMENSCHENUNTERWEGS

IHR ENTDECKT MIT DIESEM BUCH EURE STADT NEU?
DANN VERLINKT EUCH UND EUREN LIEBLINGSMENSCHEN
AUF INSTAGRAM:

#LIEBLINGSMENSCHENUNTERWEGS
#LIEBLINGSMENSCHENBONN

EINEN FLOWERHOOP GESTALTEN

BLUMENWORKSHOPS BEI MARIE CRAMER

Dom-Esch-Straße 35, 53881 Euskirchen
www.blumenworkshop.de
ÖPNV: Haltestelle Euskirchen Dom-Esch Mitte

Vögel nisten in den Hecken, irgendwo kräht ein Hahn. Das denkmalgeschützte Fachwerkhaus ist umrankt und bewachsen, man geht durch einen mit Blumen in Töpfen und Pflanzschalen liebevoll geschmückten Innenhof, dann liegt rechter Hand das Atelier von Marie Cramer. Hier duftet es angenehm. Das liegt daran, dass Marie ihre Blumen selbst anbaut und sie frei von Giftstoffen sind. Trockenblumen, die von weit her kommen, sind häufig behandelt. Marie ist Mitglied der Slowflower-Bewegung, die sich für Transparenz und Vertrauen im nachhaltigen Schnittblumenanbau einsetzt. Ein wertschätzender Umgang mit der Natur ist ihr wichtig.

Zu den Feldern gelangt man, wenn man noch weiter durch ihr märchenhaftes Blumenreich streift. Am Atelier vorbei geht es durch einen mit Vorhängen aus Trockenblumen geschmückten Durchgang und weiter durch den Garten mit Teich und großem Zelt. Wer noch nie eine Trockenblume berührt hat, die noch wächst, der wird erstaunt sein – denn Trockenblumen sind auch am Stängel schon »trocken«! Es knistert und raschelt, wenn man sie berührt. In diesem zauberhaften Ambiente darf verweilen, wer einen Kurs bei Marie gebucht hat. Sie bietet Blumenworkshops an, bei denen Flowerhoops gefertigt, Trockenblumen-, Blumenhaar- und Adventskränze gewunden oder die Blumen an Mobiles zum Tanzen gebracht werden. Auch individuelle Terminvereinbarungen für einen Gruppenworkshop sind möglich.

DIE GANZE WELT AUS PAPIER FALTEN

ORIGAMI-TREFF

Am Propsthof 134, 53121 Bonn
www.jap-bonn.de
ÖPNV: Haltestelle Bonn Am Propsthof

Auf dem Rhein bei Köln schwimmt ein Papierschiffchen. So weit, so unspektakulär. Nur, dass man in diesem Fall das Suffix »-chen« streichen kann. Klein und niedlich ist dieses Schiff nämlich nicht, es ist sogar stabil genug, um eine Person zu befördern – den Autor und Moderator Christoph Biemann von der »Sendung mit der Maus«. Die Idee dazu hatte der Kölner Künstler Frank Bölter, der durch groß angelegte partizipatorische Faltaktionen Bekanntheit erlangte. Der von ihm 2021 eingerichtete Ausstellungsraum »ultra all inclusive« im Kunstmuseum Bonn war Ausstellungs- und Mitmachort zugleich. Er hat ein größeres Publikum mit der Kunst des überdimensionierten Origamifaltens bekannt gemacht und es zugleich am künstlerischen Prozess teilhaben lassen. Die imposanten Kunstwerke gelingen nur in Gemeinschaftsarbeit, konträr zu den normal dimensionierten Arbeiten, die oftmals im häuslichen Umfeld allein ausgeführt werden. Im Falle des Papierschiffes waren mehrere Personen nötig, um die langen, wasserdichten Papierbahnen zu falten und das Schiff zum Fluss zu tragen.

Eine andere, aber nicht minder angenehme Art von Gemeinschaft wird bei den Treffen des Vereins zur Förderung des Papierfaltens erlebbar, auch wenn hier keine monumentalen Faltkunstwerke entstehen. In der Gruppe merkt man gleich, dass es keine Konkurrenz gibt, gegenseitige Unterstützung ist die Regel. Liebhaber der japanischen Papierfaltkunst ähneln sich in dieser Gesinnung. So sind es kurzweilige Stunden, die im Endenicher Kinder- und Jugendzentrum JAP verbracht wer-

den. Alle zwei Monate trifft sich die Gruppe unter Leitung von Conny Voß und Lisa Bille am ersten Samstag des Monats, und Neulinge und Nichtvereinsmitglieder sind herzlich willkommen, die Teilnahme ist kostenlos. Beim Falten merkt man, wie man zur Ruhe kommt.

Die volle Konzentration ist dem Faltprozess gewidmet, alles andere wird ausgeblendet. Aus jeweils nur einem Blatt Papier entstehen Tiere, Schachteln, Tannenbäume. Mit ein bisschen Übung können bereits schöne Ergebnisse erzielt werden. Ganz nebenbei wird das räumliche Vorstellungsvermögen geschult. Ein Grund, warum der Reformpädagoge Friedrich Fröbel das Papierfalten für Kinder ab fünf Jahren empfahl. Kinder können sich mithilfe dieser Technik geometrische Gesetze spielerisch selbst aneignen.
Neben den riesigen Varianten gibt es auch winzige Faltkunstwerke. So klein, dass man sie nur mit der Lupe sehen kann. Komplizierte und mit beweglichen Teilen ausgestattete Meisterleistungen gehören ebenfalls in die Grenzbereiche. Zwischen diesen Extremen entfaltet sich die unerschöpfliche und faszinierende Welt des Origami. Viele Werke sind veränderbar, eine Form entsteht aus einer anderen. Origami ist so vielfältig und vielseitig wie das Leben selbst, und so wundert es nicht, dass die Faltkunst auch bei neuen technischen Entwicklungen zur Anwendung kommt. Bei faltbaren Autodächern, Airbags, Sonnensegeln für die Raumfahrt, Teleskopen, Batterien, Robotern – genannt Robogami – oder bei Stents, winzigen Röhrchen aus Metall oder Kunstfasern, die zusammengefaltet in Herzkranzgefäße eingeführt werden, sich dort entfalten und die Gefäße offen halten. Origami in Industrie und Forschung – eine spannende Weiterentwicklung der traditionellen Faltkunst, die noch viel Potenzial birgt.

MIT DEM LIEBLINGSMENSCHEN

Köstlichkeiten teilen

NATUR PUR BEIM EISGENUSS SCHMECKEN

EISLABOR

Maxstraße 16, 53111 Bonn
www.eislabor.info
ÖPNV: Haltestelle Bonn Stadthaus

Dem Lieblingsmenschen ein (Eis-)Küsschen geben, was für ein schöner Freundschafts- oder Liebesbeweis! Eisküsschen sind eine der Spezialitäten des Bonner EisLabors: mit Stracciatella-Schokolade umhüllte Vanille- oder Schokoeiskugeln am Stiel. Daneben gibt es Eistörtchen, Eismacarons, Eispralinen – und natürlich Eis, klassische und ausgefallene Sorten. Und zwar nicht irgendeines, sondern von der besten Eisdiele Deutschlands. Diese Ehrung erfolgte 2015 durch die Nutzer eines Reiseportals, und es sollte nicht die einzige Auszeichnung bleiben, über die sich die Inhaber Petra Recker und Michael Weiss freuen können.

Petra Recker war als Kind schon eine Eisliebhaberin und verhandelte mit ihren Eltern, dass sie sie beim Sonntagsspaziergang nur dann noch begleiten würde, wenn sie danach ein Eis bekäme. Die Verhandlungen waren erfolgreich, der Grundstein für eine lebenslange Verbundenheit mit der kühlen Köstlichkeit gelegt. Dass sie sich ihren Traum von der eigenen Eisdiele noch erfüllte, nachdem sie lange als Softwareentwicklerin gearbeitet hatte, mag allen Träumern als Inspiration dienen.

Das EisLabor ist ein echtes Bonner Kind: in Bonn gegründet, in Bonn groß und erfolgreich geworden, inzwischen mit drei Filialen an unterschiedlichen Standorten in der Stadt vertreten. Nachhaltigkeit liegt den Inhabern am Herzen. Schon früh haben sie sich mit Alternativen für die herkömmlichen Eisbecher und -löffel beschäftigt. Inzwischen servieren sie das Eis zum Mitnehmen in essbaren Schälchen mit Kekslöffeln.

DIE GESCHMACKSKNOSPEN TANZEN LASSEN

CRAFTQUELLE

Breite Straße 74, 53111 Bonn
www.craft-quelle.de
ÖPNV: Haltestelle Bonn Wilhelmsplatz

Bunt, kreativ, überraschend und individuell – all das ist Craft Beer. Es beginnt äußerlich bei den ausgefallenen Etiketten und Namen, setzt sich fort über Aussehen und Geruch des Bieres und gipfelt im Geschmack. Eines wird das handwerklich produzierte Bier von meist kleinen unabhängigen Brauereien jedenfalls nie – nämlich langweilig. Für eine intensive Annäherung an die Welt dieser originellen Biersorten eignet sich ein Tasting bei Christoph Steinhauer. Der ausgebildete Biersommelier und Hobbybrauer bietet Verkostungen und Braukurse an.

Die Bandbreite reicht vom Einsteiger-Tasting bis zu Tastings für Fortgeschrittene oder Food-Pairing-Tastings. Die Kombination mit verschiedenen Speisen, die entweder verstärkend, ausgleichend oder kontrastierend wirken können, ist eine spannende Ergänzung zu den vielfältigen Geschmacksrichtungen der Biere. Um eine Verstärkung zu erzielen, kann man ein süßes Bier wie zum Beispiel ein dunkles Bockbier mit einer süßen Nachspeise kombinieren. Ein geschmacklicher Ausgleich wird durch die Darreichung einer scharfen Speise zu einem bitteren Bier wie einem Double IPA erzielt. Einen Kontrast erreicht man durch die Kombination eines sauren Bieres mit einer süßen Speise.

Mehr als 2.000 Aromen können in Bier vorkommen. Allein die Benennung erfordert Übung, erweitert aber den Wahrnehmungshorizont ganz ungemein. Sich die Zeit zu nehmen, ihnen nachzuspüren, lohnt und ist ein Erlebnis eigener Art. Bei einer Verkostung schaut man

More
Craft
LESS CRAP

sich zunächst Farbe, Trübung, Schaum und Kohlensäure an. Ist das Bier honig- oder eher bernsteinfarben? Ist es leicht oder stark getrübt? Die über 10.000 verschiedenen Gerüche, die wir wahrnehmen können, lassen sich in Kategorien und Unterkategorien einordnen. Haben wir erkannt, dass ein Bier fruchtig duftet, ist die sich daran anschließende Frage: Welche Frucht riechen wir? Sind es Zitrusfrüchte, Tropenfrüchte, Beerenfrüchte? Bei einem süßlichen Duft ist eine weitere Differenzierung in beispielsweise Schokolade, Marzipan oder Karamell möglich. Im Mund nehmen wir dann die Geschmacksrichtungen süß, sauer, bitter, salzig oder umami wahr. Umami bezeichnet einen Geschmack, den wir als herzhaft oder würzig charakterisieren würden. Christoph Steinhauer vermittelt auf unterhaltsame Weise auch ganz viel Bier-Wissen. So nutzen zum Beispiel die Belgier für jedes Bier ein spezielles Glas. Das Kwak-Bier etwa, das früher gerne von Kutschern getrunken wurde, kommt nicht nur in besonderen Gläsern auf den Tisch; zu dem Glas gehört auch eine spezielle Halterung. Der Grund: Die Kutscher sollten ihr Bier auf dem Kutschbock trinken können. Das India Pale Ale ist im 19. Jahrhundert in England entstanden, um Bier für den Export nach Indien haltbarer zu machen. Dafür wurde es mit höherem Alkoholgehalt gebraut und in Fässern mit einer Extraportion Hopfen gelagert. Durch diesen Prozess der Kalthopfung, der heute noch angewendet wird, werden ätherische Öle im Bier gebunden. Diese machen es nicht nur haltbarer, sondern zaubern auch die für ein IPA typischen Mango-, Orangen- und Citrus-Aromen ins Bier. In der Craftquelle bietet Christoph Steinhauer rund 300 verschiedene Biere aus aller Welt an. Lokalen Bieren ist eine eigene Abteilung gewidmet.

BÖNNSCH UND PÖPPSCH PROBIEREN

➤➤ Im **Brauhaus Bönnsch** hört man Bönnsch und man trinkt es auch – naturtrüb, als Weizen oder Saisonbier. Gebraut wird es gleich hier vor Ort, mit etwas Glück bekommt man einen Sitzplatz mit Blick auf einen Braukessel. Zum Bier werden die bekannten typisch rheinischen Gerichte serviert. Das Bönnsch kommt in dem besonderen gebogenen Glas mit den praktischen Fingerkerben. Ob gebogen oder gerade, auch hier gilt, was in allen Brauhäusern der Region gilt: Wer den Bierdeckel nicht auf das leere Bierglas legt, bekommt sofort ein neues hingestellt. Als Absacker eignet sich der BUNDESBRAND – Original Bönnsch Bierbrand. Damit hat man seine Portion kulinarisches Lokalkolorit für den Tag.

➤➤ Im **Gesindehaus in Poppelsdorf** kommt eine weitere Bonner Bier-Spezialität frisch gezapft auf den Tisch – das PÖPPsch. Dazu passen die frischen Poppelsdorfer Bratwürste »Echte Knechte«. Das Essen hier ist insgesamt vorzüglich. Auch im Gesindehaus ist ein Absacker besonders zu empfehlen – er heißt »Gesindegeist«, und nach dem Genuss soll der ein oder andere auch schon mal einen solchen gesehen haben.

GEMEINSAM NASCHKATZE SPIELEN

NASCHWERKSTATT

Brüdergasse 22, 53111 Bonn
www.naschwerkstatt-bonn.de
ÖPNV: Haltestelle Bonn Bertha-von-Suttner-Platz

Eine der deutschen Übersetzungen für Eclair, das mit einer Creme gefüllte Gebäck aus Brandteig, lautet Liebesknochen. Auch wenn das zuerst einmal nicht so romantisch klingt, sorgt der Geschmack doch meist für Begeisterungsstürme. Wer seinen Lieblingsmenschen damit jedoch beeindrucken möchte, der wagt sich bisweilen auf unbekanntes Terrain, wenn er – bis über beide Ohren verliebt – sich vielleicht das erste Mal an solch ein nicht immer leicht herzustellendes Gebäck wagt. Ob Eclair, Soufflé oder Macarons: »Liebe geht durch den Magen« gilt auch bei weniger kompliziertem Backwerk.

Wer sich und den Lieblingsmenschen einmal rundum mit Naschwerk verwöhnen und dafür aber nicht lange in der Küche stehen möchte, dem sei ein Besuch in der Naschwerkstatt ans Herz gelegt. Hier werden die Kuchen und Törtchen mit sehr viel Hingabe zubereitet. Wer, wie Jörg Kohlschmidt, eine sichere und gut bezahlte Arbeitsstelle aufgibt, um sich in der Konditorkunst ausbilden zu lassen, dem liegt wirklich etwas an der Zufriedenheit seiner Kunden und an der perfekten Ausübung seines Handwerks.

In der Naschwerkstatt schlemmen und genießen die Eingeweihten – denn sie hat sich, zwar zentral, aber dennoch etwas versteckt gelegen, ihren Geheimtipp-Charme bewahrt. Nach Lehr- und Wanderjahren mit Stationen in Heidelberg und Wien versüßt Jörg Kohlschmidt nun den Bonnern mit den besten Rezepten aus seinem Erfahrungsschatz ihre Kaffee- und Kuchen-Zeit.

AM BISTROWAGEN SCHLEMMEN

LEYENHOF

Im Bachele 1b, 53175 Bonn
www.derleyenhof.de
ÖPNV: Haltestelle Bonn Turmhaus

Hofliebe – das ist das Motto des Teams um das Biobistro auf dem Gelände des Leyenhofs. Das ganze Team ist mit Feuer und Flamme dabei, und das spürt und schmeckt man. Etwas von der guten Stimmung und der Begeisterung für ihr Herzensprojekt färbt auch auf die Besucher ab. Und so sitzt man glücklich neben einer riesigen Blumenwiese, das leckere Essen vor sich, den Lieblingsmenschen möglichst nah bei sich. Die Ziegen des Leyenhofs schauen einem aus einiger Entfernung neugierig zu, und die Kaninchen freuen sich über Streicheleinheiten.

Die Küche ist rein vegetarisch, und es gibt Angebote für Veganer. Es gilt allerdings, dass nicht alles immer verfügbar ist, denn Verschwendung soll möglichst vermieden werden. Man darf also nicht enttäuscht sein, wenn es ein bestimmtes Gericht beim Besuch mal nicht geben sollte. Die vielen leckeren Alternativen werden einen schnell darüber hinwegtrösten: Suppe, Tarte, Quiche, zweimal wöchentlich wechselnde Bratlinge mit Dip und Salat, dazu Kuchen, Hefeschnecken und Bananenbrot.

Die Zutaten stammen zum größten Teil vom Leyenhof, einem zertifizierten Bioland-Betrieb. Es wird saisonal und regional gekocht. Henrik und Jost wissen, wie man aus Zutaten wie Tomaten, Auberginen, Zucchini, Kohlrabi oder Rosenkohl Schmackhaftes zaubern kann. Gerne wird krummes Gemüse verwendet. Geschmacklich gibt es keinen Unterschied zu dem gerade gewachsenen Gemüse, die Optik hält jedoch manche vom Kauf ab. Im gut sortierten Hofladen kann man anschließend noch den Einkauf erledigen.

Ab dem 4. April 2023 wird das Bistro um das Café RepaRat erweitert. Hier gibt es Kaffee aus eigener Röstung und Speisen von @hofliebeorganicfood. Es wird auch eine kleine Reparaturwerkstatt und Tipps zu Reparaturen geben (ausgenommen Handys, Computer und Fahrräder).

STUNDEN IN GEMÜTLICHER ATMOSPHÄRE VERPLAUDERN

KAUFMANNSLADEN

Drachenfelsstraße 14, 53639 Königswinter
www.kaufmannsladen-koenigswinter.de
ÖPNV: Haltestelle Königswinter Fähre

Drache oder Esel, wer obsiegt im Rennen um das beliebteste Tier beziehungsweise Fabelwesen in Königswinter? Im Kaufmannsladen hat ganz klar das Grautier die Nase vorn. Es findet sich im Logo, im Namen der eigens für den Kaufmannsladen in Bonn gerösteten Kaffeespezialität »Eselbohne« und ist Namensgeber des hier erhältlichen Grauburgunders »Eselmilch« des Weingutes Pieper. Und dennoch kommen die beiden so unterschiedlichen Geschöpfe hier versöhnlich zusammen, befindet sich der Kaufmannsladen doch an der Drachenfelsstraße.

Was würde die beste Freundin wählen, Esel oder Drachen? Darüber kann man sich beim Anstieg zum Drachenfels unterhalten. Nach einer Wanderung die Drachenfelsstraße hinauf, vorbei an dem Warnschild »Achtung, Drache«, das sicher einmalig ist auf der Welt, vorbei an der Talstation der Drachenfelsbahn (nein, es geht zu Fuß den Berg hinauf!), vorbei an Drachenbrunnen, Drachenburg, steinernem Drachen in der Nibelungenhalle und sprechendem Marionettendrachen, gelangt man auf den Drachenfels. Kommt man am Wochenende in der Tourismussaison, kann man ein Stück mit den Eseln gehen, die heute nur noch Kinder hinauftragen. Folgt man der Drachenfelsstraße abschließend bis hinunter zum Rhein, findet man dort an der Promenade den hübschen Eselbrunnen.

Ein wenig müde von Auf- und Abstieg ist die Freude über eine so einladende Einkehrmöglichkeit wie den Kaufmannsladen groß. Dort findet man Nahrung für Körper und Seele. Inmitten von Büchern und

COLETTE MARS

liebevoll ausgesuchten regionalen Produkten, umgeben von geschmackvoll aufeinander abgestimmten Bildern und Dekorationsartikeln kann man hier bei selbst gebackener Quiche und frisch zubereiteten Kuchen Stunden mit der besten Freundin verplaudern und die bei der Wanderung verbrannten Kalorien schnell wieder zurückgewinnen. Der Duft des frisch aufgebrühten Kaffees zieht Vorbeischlendernde hinein, bei warmen Temperaturen locken die Sitzgelegenheiten vor dem Café. Nicht einmal für einen Einkaufsbummel muss man sich entfernen, eine Auswahl an Pullovern und T-Shirts in schönen Farben mit kreativen, unaufdringlichen Logos findet man eine Etage tiefer.

Der berühmte Königswinterer Esel erlebt hier ein zeitgemäßes Revival. Im Eselstall, einem zum Ensemble gehörenden Raum für Konzerte und Lesungen, Spiele- und Filmabende, findet man eine kleine, museal anmutende Fotoausstellung mit Fotografien aus der Hochzeit des Siebengebirgstourismus. Im Fokus: die Esel, die die Touristen hoch auf den Drachenfels trugen.

Der bis dato letzte Baustein im Trio Café-Veranstaltungsraum-Herberge ist das Hotel Bergischer Hof mit der Crêperie Jules Verne. Hier wurde viel in Handarbeit saniert, mit der Betrachtung der Details kann man auch verregnete Tage verschönern. Seien es beleuchtete Türen aus Schloss Drachenburg oder Originalausgaben des Autors Jules Verne im Bücherschrank, es fügt sich alles zusammen. Jedes Zimmer wurde individuell gestaltet und einer historischen Persönlichkeit aus Königswinter gewidmet. Diese Übernachtungsmöglichkeit kann man der Freundin empfehlen, sollte sie von weiter her anreisen. Vielleicht einigt man sich am Ende auf ein Unentschieden zwischen feuerspeiendem Fabelwesen und Langohr. So lässt man den schönen Tag friedlich ausklingen, bei hiesigem Weiß- und Rotwein, bei Eselmilch und Drachenblut.

DAS BESTE RHEINISCHE APFELKUCHEN-REZEPT

➽ Für den Teig:
120 ml lauwarme Milch, 50 g weiche Butter, 50 g Zucker, ½ Würfel Hefe, 1 Ei Größe M, 290 g Mehl, 1 Prise Salz

Zubereitung:

1. Die Milch in einem Topf mit der Butter und einem Esslöffel Zucker lauwarm erwärmen, ca. 30 Grad. Die Hefe einrühren und zehn Minuten stehen lassen.

2. Danach das Ei in die Flüssigkeit einrühren.

3. In einer separaten Schüssel Mehl, Salz und den restlichen Zucker mischen. Jetzt mit einem Rührgerät alles zusammen verkneten.

4. Den Teig mit einem feuchten Tuch abgedeckt an einem warmen Ort eine Stunde ruhen lassen.

5. Eine Springform mit Backpapier auslegen. Zwei Drittel des Teigs in Größe der Kuchenform ausrollen, in die Form geben und dabei einen kleinen Rand bilden. Den restlichen Teig ebenfalls ausrollen und für das spätere Gitter in schmale Streifen schneiden.

➽ Für den Belag: 4 Äpfel, 1 Limette, 45 g Zucker, 1 Msp. Chili, ½ TL Zimt, 150 ml Wasser, bis zu 2 EL Speisestärke

Zubereitung:

1. Die Äpfel waschen, gegebenenfalls schälen und in kleine Stücke schneiden. Von der Hälfte der Limette die Schale entfernen.

2. Den Zucker in einem Topf karamellisieren. Chili, Zimt und Limettenschale in den geschmolzenen Zucker geben, die Äpfel dazugeben, umrühren und mit Wasser ablöschen. Fünf Minuten einkochen lassen. Je nach Konsistenz mit Speisestärke andicken.

3. Das Apfelmus auf den Teig geben und glatt streichen.

4. Die Teigstreifen im Gittermuster auf den Kuchen legen. Den Kuchen im vorgeheizten Backofen bei 200 Grad Ober-/ Unterhitze oder bei 180 Grad Umluft 30 Minuten backen.

DEM MOTTO »KOCHEN IST LIEBE« NACHSPÜREN

RESTAURANT »DREIZEHN LINDEN«

Löwenburgstraße 39, 53229 Bonn
www.dreizehnlindenbonn.de
ÖPNV: Haltestelle Bonn Bleibtreustraße

Das Restaurant »Dreizehn Linden« in Niederholtorf, betrieben von Constanze und Oliver Weiß, die vorher ihre Gäste im Restaurant »Assenmacher« in Schwarzrheindorf empfangen haben, ist ein Lieblingsort in der Lieblingsstadt – und das liegt nicht nur am schmackhaften Essen, sondern auch an der Gastfreundschaft der Betreiber. Man merkt, dass das Ehepaar Weiß mit ganzem Herzen bei der Sache ist. Die Entscheidung für die Selbstständigkeit in der Gastronomie ist ganz bewusst gefällt worden, der Weg dorthin war nicht etwa vorgezeichnet gewesen. Mit ihrer Entscheidung sind sie ins kalte Wasser gesprungen und haben es gewagt – und der Erfolg gibt ihnen Recht. Schnell hat das Ehepaar zudem gemerkt, dass Gastfreundschaft keine Einbahnstraße ist. In so manch schwieriger Situation wurden sie schon von ihren treuen Stammgästen unterstützt.

Hier ist richtig, wer bodenständiges und qualitativ hochwertiges Essen mag. Fast alles wird selbst gemacht – von der Nudel bis zum Eis. Viele Gerichte auf der Speisekarte kennt man von früher: Doch es bleibt spannend, denn sie werden kreativ abgewandelt. Neben der feinen gutbürgerlichen Küche findet man Speisen aus anderen Ländern oder auch Neuschöpfungen. Hier kann man also genauso gut mit den Eltern wie mit den besten Freunden einen genussvollen Abend verbringen, bei angenehmen Temperaturen auch im hübschen Biergarten. Und wer ein rauschendes Fest mit exquisiter kulinarischer Begleitung plant, der wende sich vertrauensvoll an die stets freundlichen Gastgeber.

ZUSAMMEN DIE WELT LECKERER MACHEN

PROBIERHAUS

Dottendorfer Straße 82, 53129 Bonn
www.dasprobierhaus.de
ÖPNV: Haltestelle Bonn Ollenhauerstraße

Vier Personen finden an einem der Tische im Probierhaus Platz. Sitzt man seiner besten Freundin gegenüber, kann man sich während der Verkostung über die niedrigen Abgrenzungen hinweg zuzwinkern. Wie sie wohl die heute präsentierten Lebensmittel bewertet? Hier kann man nicht nur Neues ausprobieren – man hat sogar die Möglichkeit, die Produktentwicklung mit zu beeinflussen.

»Het Smaakhuis« – das klingt verheißungsvoll, das klingt nach Spannung für die Geschmacksknospen. Die aus den Niederlanden stammende Idee eines Probierhauses kam 2021 auch in Deutschland an – und zwar zuerst in Bonn-Dottendorf! Hier wurde das erste Probierhaus Deutschlands eröffnet. Es ist ein Baustein im Angebot der Normec Foodcare GmbH – hier werden Sensorik-Tests mit Konsumenten für verschiedene Kunden aus der Lebensmittelbranche durchgeführt.

Einmal geht es um die Verbesserung der Rezepturen bereits etablierter Lebensmittel. Außerdem werden Lebensmittel vor der Markteinführung verkostet und so auf ihre Akzeptanz durch den Verbraucher hin überprüft. Man meldet sich über die Internetseite an, beantwortet einige Fragen und wird, sofern man zwischen 20 und 65 Jahre alt, Nichtraucher ist und keine Allergien hat, freigeschaltet.

Mithilfe eines Tablets beantworten die Testesser Fragen zu den Produkten. Es geht unter anderem um Geruch, Aussehen und Geschmack. Die Kunden möchten wissen, an welchen Schrauben sie drehen müssen, damit ihr Produkt ankommt. Und vielleicht findet man einige Zeit später das verkostete Lebensmittel mit verbesserter Rezeptur im Supermarktregal: beim gemeinsamen Einkauf mit der probierfreudigen Freundin.

IM SIEBTEN GENUSSHIMMEL SCHWELGEN

SHELLSONS KOCHMANUFAKTUR

Königswinterer Straße 116, 53225 Bonn
www.shellsons-kochmanufaktur.de
ÖPNV: Haltestelle Bonn Limperich Nord

»Wer Musik im Mund haben möchte, der muss Geduld mitbringen.« Mit Musik ist hier nicht der hessische Snack »Handkäse mit Musik« gemeint. Musik spielt auf die vielfältigen Geschmackserlebnisse an, die durch die Güte der Zutaten, ihre optimale Kombination, die korrekte Zubereitungsart und den geschickten Einsatz von Gewürzen entstehen. Beim Thema Gewürze ist man direkt bei der Paradedisziplin des Gründers und Inhabers von Shellsons biologisch-dynamischer Kochmanufaktur, Keven Muttschall: über 50 stehen in seinen Gewürzschubladen.

Der gelernte Koch und Ernährungsberater hat die Kochschule gegründet, um seine Freude am Kochen mit guten Zutaten weiterzugeben. Schon als Kind wusste er, dass er Koch werden möchte. Dabei ist es ihm besonders wichtig, dass ausschließlich Lebensmittel von ortsansässigen Bioläden und Biobauernhöfen verwendet werden. Das Thema Nachhaltigkeit ist, neben seiner Vorliebe für Gewürze, sein Steckenpferd und beschränkt sich nicht nur auf die verwendeten Lebensmittel. Es zieht sich wie ein Bogen, der alles überspannt, durch das gesamte Konzept.

Wie man Lebensmittel zu einer fein abgestimmten Sinfonie für den Gaumen werden lässt, das kann man bei ihm in verschiedenen Kochkursen lernen: ob bei »Lecker und Gesund«, Pasta-, Burger- und Grill-Kursen, beim Fischkochkurs oder bei Kursen zu Kräutern und Gewürzen. Für Verliebte gibt es einen Kochkurs bei Kerzenschein und für Singles das entsprechende Format. In seinen Kochkursen herrscht fröhliche Stimmung, es wird viel gelacht und gescherzt und zwischendurch lässt er immer wieder Wissenswertes rund um seine Passion einfließen.

KULINARISCH DEN ERDBALL UMRUNDEN

FOODTRUCKS

www.craftplaces.de

Bonner Arbeitnehmer haben eine attraktive Alternative zum Kantinen-Essen: Foodtrucks! Diese sind strategisch günstig über die Stadt verteilt und stehen an Knotenpunkten mit besonders vielen hungrigen Mitarbeitern, ein regelmäßiger Standort-Wechsel sorgt für eine variantenreiche Speisekarte. Auf der Seite »craftplaces« findet man Standorte und eine Übersicht über die verschiedenen Angebote.

So international wie die Arbeitnehmer in der Bundesstadt sind auch die angebotenen Gerichte: Ob original italienische Pizza aus dem mobilen Steinofen von »Das Pizzaprinzip«, Tacos und Burritos, inspiriert von der multikulturellen Street-Food-Szene aus Kalifornien von »Los Angelinos Street Fusion«, australische Pasteten von »Pie Me« mit verschiedenen Füllungen, Nudelgerichte aus eigener Herstellung von »Pasta Laster« oder Burger von »Lieblingsburger«: Lieblingsessen in der Lieblingsstadt! So lecker gestärkt geht es beschwingt zurück in den Arbeitsalltag. Und was würde sich eher anbieten, als diese schmackhafte Mittagspause gemeinsam mit der Lieblingskollegin zu verbringen!

An einem der Standorte, in einer Reihe direkt neben den Foodtrucks, steht das Bundesbüdchen. Das hat hier allerdings seinen festen Platz. Am Bundesbüdchen haben Helmut Kohl, Herbert Wehner und Franz Josef Strauß früher ihre Siedewürstchen gegessen. Zwar stand das Bundesbüdchen damals noch woanders, es war aber exakt derselbe Verkaufspavillon, der heute an der Heussallee 13 steht. In diesen Tagen bietet die Bäckerei Peter Mauel Backwaren und Bockwurst im denkmalgeschützten Kiosk an und komplettiert damit das kulinarische Angebot.

FRESH
SALAD
FRES
SALA

NUR BROT ESSEN – UND NICHTS VERMISSEN

BÄCKEREI MAX KUGEL

Bonner Talweg 34, 53113 Bonn
www.maxkugel.de
ÖPNV: Haltestelle Bonn Weberstraße

Wer würde nicht gerne gemeinsam mit seinem Lieblingsmenschen eine Weltreise unternehmen? Wem dafür das Geld oder die Zeit oder gar beides fehlt, der geht zur Bäckerei von Max Kugel in der Bonner Südstadt. Max Kugel hat Reisen um die ganze Welt unternommen – auf der Suche nach den besten Brotrezepten und um sein Können stetig zu verbessen. Ein bisschen kann man bei ihm also auch den Geschmack der großen weiten Welt kaufen – und Bonner Südstadtcharme gibt es gratis dazu. An seiner Brottheke unternimmt man mit seinem Lieblingsmenschen eine kulinarische Weltreise und holt sich den Geschmack von Zürich und San Francisco nach Hause. Inzwischen kommen längst nicht mehr ausschließlich Bonner und kaufen »Bonnette« oder »Föhrer Weissbrot«. So schließt sich der Kreis – jetzt geht sein Brot auf die Reise, wie er einst auf die Reise zum Brot ging.

Max Kugel machte das, was auch schon zu früheren Zeiten die Gesellen zum Meisterbrief und die Bäckergesellen zum Erfolgsrezept führte: Er ging auf Wanderschaft und lernte von erfahrenen Bäckern in aller Welt. Im Jahr 2017 eröffnete er dann in Bonn eine eigene Bäckerei, in die all die Inspirationen aus seiner Zeit unterwegs einflossen. Zu seinem Roggenbrot steht im Begleittext: »Ein Brot, das alles mitbringt, was man eben so braucht. Genau wie die Stadt, in der es gebacken wird.« Auch eine schöne Liebeserklärung an Bonn, die umso mehr Gewicht hat, weil sie nach dem Vergleich mit so vielen anderen attraktiven Orten auf der ganzen Welt ausgesprochen wird.

superior
PIKE BROTHERS
garments

Max Kugel verdient sich seine Brötchen mit Brot – ausschließlich mit Brot. Nicht mit kleinen, großen, normalen oder außergewöhnlichen Brötchen, nicht mit Teilchen, nicht mit Röggelchen für einen »Halven Hahn«, nicht mit Mutzen zu Karneval, nicht mit Weckmännern zu Sankt Martin. Er konzentriert sich auf eine Sache, nämlich Brot, denn das möchte er besonders gut machen. Und das macht er besonders gut.

Die Brote werden appetitlich präsentiert, und es riecht verführerisch bis auf die Straße hinaus. Dadurch werden auch Menschen angelockt, die vielleicht gar nicht vorhatten, Brot einzukaufen. Sie betreten die Bäckerei dann zum ersten, aber sicher nicht zum letzten Mal. Es werden immer genau zehn verschiedene Brotsorten angeboten. Die Inhaltsstoffe stehen jeweils dabei, und so ist es auch für Allergiker oder Menschen, die eine besondere Ernährungsform einhalten müssen oder wollen, möglich, dies zu tun. Außerdem sind sie ohne Backmischungen, künstliche Zusatzstoffe oder zusätzliche Enzyme hergestellt. Das Geheimnis ist die Schlichtheit und Güte der Zutaten – und die Zeit, die bei der Herstellung aufgewendet wird.

Vom Verkaufsgeschäft aus kann man einen Blick in die Backstube werfen. Morgens ab halb fünf Uhr brennt hier Licht, der Inhaber ist der Erste in der Backstube. Dann holt er zunächst die Brotteige aus der Kühlung und prüft, was der Teig noch braucht, um richtig gutes Brot zu werden. Auch heute reist er noch, um seinen Back-Horizont zu erweitern. Aber er kommt immer wieder nach Bonn zurück, denn für ihn bietet der Beruf des Bäckers – zumindest so, wie er ihn lebt – genügend Freiraum. Und so schließt sich auch hier wieder der Kreis: von dem Kind, das in der elterlichen Backstube mit dem Bobbycar den Mehlstaub aufwirbelte über den jungen Mann auf der Suche bis zum Selbstständigen, der, ausgehend von seinen Wurzeln, nun in Bonn seine eigenen Ideen verwirklicht.

FOODTRUCKS AUF DEM BONNER MARKTPLATZ

➤➤ Auf dem Bonner Marktplatz stehen regelmäßig viele verschiedene Foodtrucks: »**Erdapfel**« bietet köstliche Ofenkartoffeln, gefüllt mit frischen, selbst gefertigten Zutaten. Nachhaltigkeit ist hier ein großes Thema, es werden Zutaten aus der Region verwendet und dabei Unternehmen aus dem Bonner Raum unterstützt. Die Verpackungen aus Zuckerrohr sind kompostierbar und das Besteck aus Holz. So richtig lokal wird es bei der Ofenkartoffel »Himmel«: mit Flönz und Apfelkompott aus Köln!

➤➤ Bei »**Fisch Stuch**« gibt es Fischbrötchen und Fischsuppe, bei »Taste of India« bekommt man immer ein vegetarisches Gericht neben den Varianten mit Fleisch. Bei »**Bi-Bu**« ist alles vegan, ob Falafel-Burger oder hausgemachte Currywurst. Die »**KostBar**« steht mit ihrem Suppenmobil ebenfalls regelmäßig auf dem Bonner Marktplatz – ein integratives Gastro-Projekt der Caritas Bonn. »**Grilive Burger und Grill**« spricht die Burgerfreunde an.

DIE BONNER PIES PROBIEREN

PIE ME CAFÉ

Frongasse 32, 53121 Bonn
www.piemecafe.de
ÖPNV: Haltestelle Bonn Magdalenenplatz

Was macht ein gelernter Koch und Konditor aus Tasmanien, der in einer Konditorei in Paris Köstlichkeiten gezaubert, auf einer einsamen indonesischen Insel an seinem Handwerk gefeilt und vier Monate lang auf einer Forschungsstation in der Antarktis die Wissenschaftler mit seinem gesammelten von der Theorie in die Praxis umgesetzten Wissen aus Sterneküchen beglückt hat, in Bonn? Richtig, er kehrt zu seinen Wurzeln zurück und serviert runde Leckerbissen – unter einer Teigdecke verstecken sich bei jedem Pie beste Zutaten, viele davon regional. Vegetarier und Veganer werden hier ebenso glücklich wie Fleischesser, die süßen Leckerbissen sind die kleine Kalorien-Sünde allemal wert. Die Speisekarte spiegelt die beiden Herzen wider, die in der Brust von Gareth Patterson Were schlagen: Hier stehen einträchtig Bonner Kartoffeln neben Aussie Latte und Freundeskreiswein aus Bonn neben Koonunga-Chardonnay aus Australien.

Alles begann mit einem Film, den er im Flugzeug gesehen und der ihn inspiriert hat: »Kiss the Cook – So schmeckt das Leben!« Nach der Station in der Antarktis hatte er das Startkapital für den Sprung in die Selbstständigkeit beisammen und verkaufte seine Kreationen zunächst aus einem Foodtruck. Dann gesellte sich Catering hinzu, und schließlich mietete er ein Ladenlokal an und eröffnete im Jahr 2019. Die Endenicher nahmen ihn und seine Idee mit offenen Armen auf. Im Mai 2022 kam dann ein »Pie Me Café« in der Altstadt hinzu, im November 2022 eines in der Südstadt. Wo die Reise wohl noch hingehen wird?

EINE WEINPROBE IM WEINBERG ERLEBEN

KAY WEINE ÜBER »SINNBAR.DE«

Bergstraße 115, 53639 Königswinter
www.sinnbar.de
ÖPNV: Haltestelle Königswinter Oberdollendorf

Es ist gut möglich, dass selbst so mancher Ortsansässige noch nie an diesem zauberhaften Ort namens Pfaffenröttchen mit Aussicht über den Rhein hinweg bis hin zum Radom in Berkum gewesen ist. Die steile Bergstraße erklimmt zumeist nur derjenige, der sportliche Ziele hat – oder über die Plattform für Naturerlebnisse »sinnbar.de« eine Weinprobe bei Kay Thiel gebucht hat. Inmitten seines Weinberges empfängt der Winzer seine Gäste und beeindruckt sie in den zwei Stunden ein ums andere Mal: mit seinem Wissen rund um den biologischen Weinanbau, mit seiner Hartnäckigkeit, die er als Quereinsteiger in diesen Beruf beweisen musste, mit seinem Mut, weniger bekannten Rebsorten wie dem »Malinger« eine Chance zu geben. Der Geschmack gibt ihm recht – und der Erfolg auch. Seine Weine sind inzwischen mehrfach ausgezeichnet. Er verkauft sie in lokalen Bioläden, online und in der Bergstraße 45 in Königswinter.

Kay Thiel baut seinen Biowein auf 35 Rheinkilometern an. Neben dem Niederdollendorfer Heisterberg, dem ehemals von Mönchen bewirtschafteten Weinberg – daher der Name Pfaffenröttchen – hat er noch den Oberdollendorfer Stappenberg, den Dattenberger Getrudenberg und den Weinberg mit Namen Leutesdorfer Gartenlay in Lagen für Biowein umgewandelt. Der direkte Vergleich der verschiedenen Lagen ist auch deshalb so spannend, weil die Weinreben dort jeweils in völlig unterschiedlichen Böden wurzeln. Schiefer, Grauwacke oder Lehm – die Bodenbeschaffenheit beeinflusst den Geschmack. Bei der

Weinprobe werden sieben Weine verkostet, einen Schwerpunkt bilden Rieslinge aus seinen verschiedenen Lagen. Dazu werden Käse und Brotstangen gereicht. Im Sommer spannt Kay Thiel ein Sonnensegel auf, Sitzmöglichkeiten sind vorhanden.

Am Weinanbau findet der Winzer besonders spannend, dass man mit einem Kreislauf arbeitet, der jedes Jahr etwas anderes nötig macht. Es wird ihm nicht langweilig – allein schon deshalb nicht, weil er

immer wieder vor neue Herausforderungen gestellt wird. Amseln und Wespen tun sich gerne an reifen Trauben gütlich – um das zu verhindern, kann er lediglich Netze spannen. Die Amseln schimpfen kräftig, wenn eingenetzt wird. Sogar Wildschweine fallen zuweilen in die Weinberge ein, da helfen auch keine Netze, da hilft nur ein Zaun. Gegen Schädlingsbefall bietet der Weinanbau nach Bioland-Kriterien keine kurativen Mittel. Also muss der Bioweinbauer dafür Sorge tragen, dass seine Trauben gar nicht erst befallen werden. Ausschließlich erlaubte Naturprodukte werden zur Düngung verwendet, mit Kupfer- und Schwefelprodukten wird gespritzt. Eine schöne Folge des Verzichts auf Glyphosat ist der florale Artenreichtum rund um die Reben. Hier wachsen unter anderem Zitronenmelisse und wilder Rucola – bei einer Analyse sind einmal 60 verschiedene Pflanzen gefunden worden!

Über die Plattform »sinnbar.de« können auch noch weitere Naturerlebnisse in der Region gebucht werden. Ob Pilz- oder Wildkräuterwanderungen, Waldführungen, verschiedene Angebote für Familien, zum Beispiel auf Obst- oder Bauernhöfen – immer ist das Ziel, dass die Menschen wieder eine Verbundenheit mit der Natur entwickeln. Die soll auch durch den Kontakt mit den landwirtschaftlichen Erzeugern entstehen. Die drei Gründer von »sinnbar.de« lernten sich an der Alfterer Alanus Hochschule kennen. Sie suchen nach immer neuen Naturerlebnissen, vermarkten die Kurse und wickeln die Buchungen ab.

WEINGESCHICHTEN IN UND UM BONN

➸ Der Schul-Weinberg

Das Beethoven-Gymnasium nennt einen kleinen Weinberg in der Rheinaue, den nördlichsten Weinberg Deutschlands, sein Eigen. Lehrer und Schüler kümmern sich um die Reben. Der Rotwein aus der Traubensorte Regent ist allerdings nicht zu erwerben. Die wenigen Flaschen werden verschenkt, an engagierte Ehrenamtliche, an Eltern oder Ehemalige der Schule. Manchmal werden sie auch versteigert, zugunsten der Partnerschule in Peru. Angelegt wurde der Weinberg anlässlich der Bundesgartenschau 1979. Jedes Bundesland durfte damals etwas beitragen; Rheinland-Pfalz entschied sich für einen Weinberg. Im Jahr 1983 wurde der Weinberg dann dem Lehrerkollegium des Beethoven-Gymnasiums übergeben.

➸ Zwischen Weinreben spazieren

Südlich von Bonn, auf der rechten Rheinseite, gibt es mehrere Weingüter und schöne Spazierwege führen durch die Weinberge. Von Oberdollendorf bis Rhöndorf ziehen sich die Weinhänge und sind besonders im Herbst eine Augenweide. Im Jahr 2013 hatten die Heinzelmännchen hier einen ihrer wenigen verbliebenen Einsätze – und zwar nicht in Köln, sondern in den Rhöndorfer Weinbergen. Nach einem Hangrutsch hatte die Bezirksregierung ein Betretungsverbot für die Weinberge erlassen. Die Weinlese war in Gefahr, ein ganzer Jahrgang drohte auszufallen. Doch wie von Zauberhand wurde dennoch gelesen – Hilfsbereitschaft ist im Rheinland eben kein Fremdwort.

EIN PICKNICK AM STADT-STRAND MACHEN

BEUEL

ÖPNV: Haltestelle Bonn Konrad-Adenauer-Platz

Ich packe meinen Picknickkorb und nehme mit: Knülles. Oder Döppekooche. Oder Puttes? Das beliebte Gericht aus geriebenen Kartoffeln, Zwiebeln, Speckwürfeln, Wurstscheiben und Eiern hat, je nach Bonner Ortsteil, einen anderen Namen. In Bad Godesberg beispielsweise dominiert der Begriff Knülles, im Zentrum Kesselskooche oder Döppekooche. Auf der Internetseite des LVR-Instituts für Landeskunde und Regionalgeschichte findet man eine Karte, aus der man genau ersehen kann, wo welcher Begriff bevorzugt verwendet wird. In Beuel ist es Knall oder Knällche – also kommt ein Knall in den Picknickkorb.

Ebenfalls unverzichtbar im bönnschen Picknickkorb und etwas einfacher unterwegs zu verzehren: der Halve Hahn. Hierbei handelt es sich um ein mit einer dicken Goudascheibe und Zwiebelringen belegtes Röggelchen. Himmel und Äd – ein Gericht aus gestampften Kartoffeln mit Apfelstückchen und Blutwurst – ist schwer zu transportieren; dafür könnte man für den Nachtisch noch Prummetaat – Pflaumenkuchen – einpacken.

Wem die Zubereitung der diversen rheinischen Küchenklassiker zu viel Arbeit macht, kann sich, nicht weit vom Strand entfernt, an einem Automaten mit rheinischer Hausmannskost versorgen. Am Restaurant »Rheinbrücke« ist er zu finden, wird regelmäßig frisch befüllt und steht an sieben Tagen die Woche jeweils 24 Stunden zur Verfügung. Ist der Hunger gestillt, kann man sich auf den besonderen Panoramablick auf die Lieblingsstadt konzentrieren, der sich von diesem Strandabschnitt unterhalb des Restaurants »Bahnhöfchen« bietet.

TIPP VOM KÜCHENCHEF DES RESTAURANTS »DREIZEHN LINDEN«, OLIVER WEISS

Aus dem bekannten und beliebten rheinischen Klassiker eine Vorspeise machen! Eingerollt in Teig eignet sie sich dann auch zum Mitnehmen.

➤➤ Vorspeise »Das kleine Himmel und Äd«:
Einen Klacks Kartoffelpüree schön anrichten, gebratene Apfelscheiben und karamellisierte Zwiebeln darauflegen und ganz oben auf den Stapel gebratene Blutwurst drapieren. Ganz raffiniert und gut zum Mitnehmen: das Ganze in Frühlingsrollenteig einwickeln.

MIT DEM LIEBLINGSMENSCHEN

Seite an Seite Kultur erleben

ZWISCHEN HÄUSERN AUS WEIDENRUTEN FLANIEREN

GRÜNE SPIELSTADT

An der Schwarzen Brücke, 53121 Bonn
www.wilabonn.de/themen/lokal/gruene-spielstadt.html
ÖPNV: Haltestelle Bonn Endenich Nord Bahnhof

Das Leben mit Kindern ist geprägt von stetigem Wandel. Eine neue Phase löst die vorherige Phase ab, Interessen verändern sich, Freundschaften werden geschlossen, Freundesbande wieder gelöst. Manche Erlebnisse prägen sehr stark, beeindrucken in jungen Jahren mehr noch als im fortgeschrittenen Alter. Ein positives Beispiel für ein solch prägendes Erlebnis kann ein Besuch in der Grünen Spielstadt sein. Gerade für die Stadtpflanzen unter den Kindern ist diese Naturerfahrung ein wohltuender Gegenpol zum Leben in einer von versiegelten Flächen charakterisierten Umgebung. Fernab von Straßen kann der kleine Herzensmensch sich auf diesem 4.500 Quadratmeter großen Gelände frei bewegen und entfalten.

Gemeinsam können Entdeckungen gemacht und die Sinne geschärft werden, beispielsweise im Dransdorfer Ei, einem großen Klangkörper, der über einen durchsichtigen Steg betreten werden kann. Reizvoll für die akustische Wahrnehmung sind auch der »Summstein« und der »Klangbogenweg«. Der Geruchssinn wird durch eine Kräuterspirale angesprochen. Der Duft von einer im Lehmbackofen gebackenen Pizza zieht an manchen Tagen verführerisch über das Gelände, an der Lagerfeuerstelle knistern die Holzscheite.

Die Grüne Spielstadt ist in Größe und Form einmalig in Deutschland. Skulpturen aus Weiden sind die prägenden Elemente. Mitte der 1990er Jahre wurden die lebendigen Weidenruten eingepflanzt und von Künstlern als Lauben, Pavillons und Irrgärten angelegt. Die Ini-

tiatoren waren Luzia Mayer und Dr. Walfried Pohl. Mit Unterstützung der NRW-Stiftung planten sie diese Verschmelzung von Natur und Kunst. Das Aussehen der Weidengebilde und damit das gesamte Erscheinungsbild der Grünen Spielstadt hat sich seither immer wieder gewandelt. Manche der ursprünglich angelegten Weidenkunstwerke sind inzwischen kaum mehr erkennbar, andere haben erst über die Jahre ihre angedachte Form entwickelt: Das ist die Natur der Lebend-Kunstwerke, inhärenter stetiger Wandel. Damit der Wildwuchs nicht überhandnimmt, sind Ehrenamtliche im Einsatz; gerade beim jährlich notwendigen Weidenschnitt ist ihre Mitwirkung immens wichtig.

Die Grüne Spielstadt ist, neben ihrer Funktion als Naturerlebnisort und Ort für Kunst und Kultur, auch äußerst wichtig für das Stadtklima und leistet einen Beitrag gegen den Klimawandel. Ein Lebensturm mit Schichten aus Stroh, Reisig und Tannenzapfen bietet Insekten und Käfern Unterschlupf. In einem eigens für sie angelegten Hotel fliegen emsig Bienen ein und aus. Im Jahr 2000 war dieses bundesweit einzigartige Weidengelände der Bonner Beitrag zur Weltausstellung Expo. Seit 2007 ist der Wissenschaftsladen Bonn Träger der Grünen Spielstadt.

Es liegt nahe, dass dieses Umfeld die ideale Kulisse für Künstler und für die verschiedensten schöpferischen Projekte ist. Ob Seiltänzer, Puppenspieler, Clown, Jongleur, Sänger oder Theaterschauspieler – im Laufe der Jahre ist schon viel Kreatives unter und neben Weidenskulpturen mit so klangvollen Namen wie »Rock 'n' Roll-Haus« oder »Grünes Klassenzimmer« zur Aufführung gekommen.

Dieser riesige Abenteuerspielplatz ist von April bis September an jedem ersten Sonntag im Monat von 13 bis 17 Uhr geöffnet. Der Eintritt ist frei, Spenden sind erwünscht. Man kann die Grüne Spielstadt auch für Veranstaltungen mieten.

DIE ENDENICHER FRONGASSE, EINE STRASSE VOLLER KULTUR- UND GENUSSMOMENTE

➽ Wer Improvisationstheater mag, der sollte dem »Haus der Springmaus« einen Besuch abstatten. Hier wird Improvisationstheater auf höchstem Niveau geboten. Und wer schon hier ist, der sollte auch gleich die ganze Endenicher Frongasse erkunden. Hier liegen Kultur- und Genuss-Stätten so nah beieinander wie an kaum einem anderen Ort. Für jeden Geschmack ist etwas dabei – für Tanzbegeisterte gibt es das Tanzensemble »CocoonDance«, Theaterfreunde finden die Theatergruppe »fringe ensemble« (beide im Theater im Ballsaal). Kinofreunde gehen auch nicht leer aus, im »Rex-Theater« wird kleineren Produktionen eine Bühne geboten. Deutsche und europäische Produktionen werden häufig als Erstaufführungen gezeigt. Die »Harmonie« bietet ein breites Angebot aus Musikveranstaltungen und Kabarett-Vorführungen. Der schöne Biergarten wird sehr geschätzt. Kulinarisch geht es in der Frongasse nach Irland und Australien, im Irish Pub »The Fiddlers« und im »Pie Me Café«, das köstliche australische Pies offeriert.

BEIM IMPROVISATIONS-THEATER LACHEN

LES BON(N)MOTS

Infos zu den Auftrittsterminen unter
www.les-bonnmots.de

Gemeinsam mit dem Lieblingsmenschen albern sein. Für einen Abend Alltag und Verpflichtungen vergessen. Sich zurückversetzt fühlen in die Kindheit, in unbeschwerte Zeiten voller spontaner Einfälle und ungezwungener Momente. Einen solchen Abend beschert die Improvisationsgruppe »les bon(n)mots«. Der Verein wurde in Bonn gegründet, und alle Vereinsmitglieder sind mit einer ordentlichen Portion Humor ausgestattet – nicht nur mit der rheinischen Spielart.

Wer Kinder beim Spiel beobachtet, dem fällt auf, dass sie immer wieder neue Spielvarianten erfinden und Dinge zu Spielzeugen umfunktionieren, die Erwachsene niemals als solche wahrgenommen hätten. Manchmal reicht ein einfacher Zweig aus – das Kind malt damit im Sand, probiert aus, ob er durch die Rille in der Bank passt, testet damit den Klang verschiedener Materialien. Auch beim Improvisationstheater kommen die Schauspieler mit sehr wenig aus. Es gibt weder ein Bühnenbild noch Kostüme noch ein Drehbuch. Die Schauspieler selbst müssen den Raum mit Leben füllen, müssen spontan und anpassungsfähig sein, schnell agieren und positiv auf Angebote ihrer Mitspieler reagieren.

Die Einbindung der Zuschauer ist ein wichtiges Element beim Improvisationstheater. Es wird nie langweilig, weil immer wieder neue Vorschläge aus dem Publikum kommen. Manche davon können die Schauspieler durchaus in Schwierigkeiten bringen – aber gerade daraus ergeben sich dann meist lustige Situationen. Im Alltag geht man schwierigen Situationen gerne aus dem Weg – sie in lockerer Atmosphäre zu üben, kann ein großer Gewinn sein. Fehler passieren unweigerlich; nach dem Motto »scheiter heiter« wird souverän weitergespielt.

STUMMFILME UNTERM STERNENHIMMEL SCHAUEN

ARKADENHOF

Regina-Pacis-Weg 3, 53113 Bonn
www.internationale-stummfilmtage.de
ÖPNV: Haltestelle Bonn Universität/Markt

Es herrscht emsiges Treiben im Arkadenhof der Universität Bonn. Hunderte von Absolventen mit Schärpen in unterschiedlichen Farben drängen sich dort aufgeregt zusammen. Es werden Fotos gemacht, Roben zurechtgerückt und Hüte schon mal probeweise in die Luft geworfen. Dann geht der Umzug los, rund um den Hofgarten. Denn die Universität Bonn feiert ihre Absolventen stets in großem Stil – der würdige Abschluss eines jahrelangen Studiums.

Doch der Arkadenhof des ehemaligen kurfürstlichen Schlosses und heutigen Hauptgebäudes der Universität Bonn darf noch Zeuge eines anderen eindrucksvollen Anlasses werden. Jedes Jahr im August wird er Schauplatz eines ganz besonderen Spektakels. Denn da verwandelt er sich für ein paar Tage in ein Open-Air-Stummfilmkino. Hier finden die Internationalen Stummfilmtage statt, mit Livemusik und einmaliger Atmosphäre. »Wer hilft den Flügel zu rollen?« ist bereits zu einem geflügelten Wort geworden. Es finden sich immer genügend starke »stumme Freunde«, die das schwere Instrument unbeschadet in den Innenhof bringen. Die musikalische Live-Begleitung durch internationale Musiker trägt zu dem besonderen Sommerabendgefühl bei.

Es werden Klassiker von Charlie Chaplin gezeigt, aber auch unbekanntere Filme, meistens sind es zwei Filme pro Abend. Früh ankommen heißt die Devise, denn die Stummfilmtage erfreuen sich großer Beliebtheit. Selbst schlechtes Wetter hält hartgesottene Fans nicht ab – in Decken gekuschelt genießen sie die besondere Stimmung.

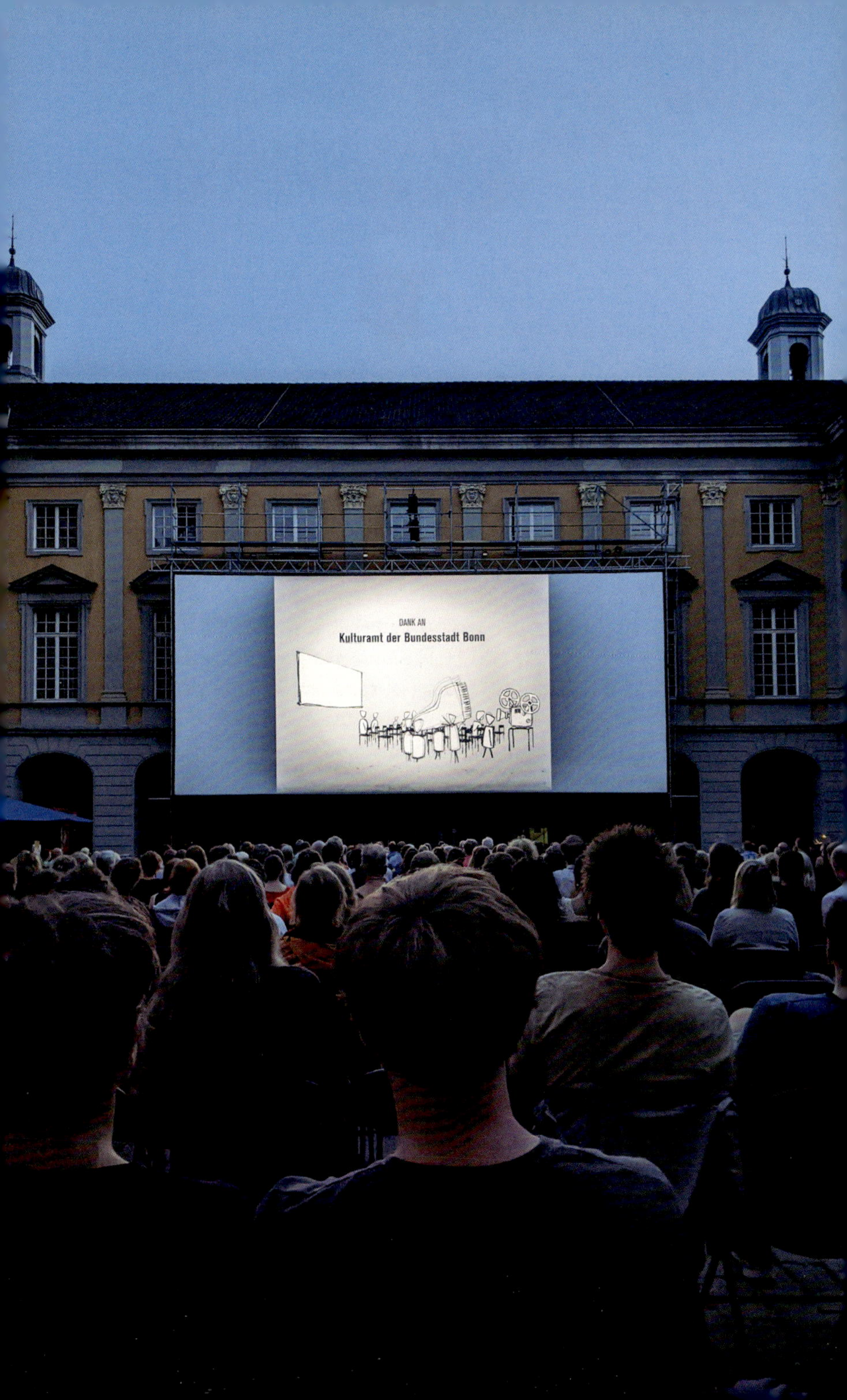
DANK AN
Kulturamt der Bundesstadt Bonn

EIN VERSTECKTES KLEINOD ENTDECKEN

SCHLOSSKIRCHE

An der Schlosskirche 4, 53113 Bonn
ÖPNV: Haltestelle Bonn Universität/Markt

Selbst viele Bonner kennen sie nicht. Man findet sie auch nicht zufällig beim Vorbeischlendern – man muss wissen, dass es sie gibt. Die Rede ist von der Schlosskirche, einer evangelischen Kirche im Universitätshauptgebäude. Sie befindet sich im Ostflügel, unter dem Ostturm. Im Frühjahr blüht eine wunderschöne Magnolie vor diesem Turm.

Wer werktags um die Mittagszeit mit seinem Lieblingsmenschen durch die Innenstadt bummelt und ihm eine ganz besondere Überraschung bereiten möchte, der nimmt ihn bei der Hand und zeigt ihm den hellen Kirchenraum. Der nach der Renovierung in angenehmen gelben und weißen Farbtönen strahlende Innenraum trägt zur positiven Anmutung bei. Wer noch ein wenig Blau zum Farbspektrum hinzufügen möchte, der führt seinen Lieblingsmenschen nach dem Kirchbesuch noch durch die »Blaue Grotte«.

In der Schlosskirche hat Ludwig van Beethoven bei Christian Gottlob Neefe Orgelunterricht erhalten. Seit 2012 erklingt hier eine neue Orgel aus der berühmten Bonner Orgelbauwerkstatt Klais, die für echte Gänsehautmomente sorgen kann. In dem Tastenwunder verbirgt sich sogar eine Überraschung: Ein Register ist ein Glockenspiel. Genau diese gemeinsamen Gänsehautmomente kann man bei einem der Konzerte hier erleben. Die Raumakustik gilt als eine der besten weit und breit.

Die Semestergottesdienste in der Schlosskirche sind auch für die Öffentlichkeit zugänglich. Außerdem finden Kunstveranstaltungen statt. Insbesondere Personen mit Verbindung zur Universität steht die Schlosskirche zudem für Taufen und Trauungen offen.

MING HÄTZ IS BONN!

AUF HOCHDEUTSCH: MEIN HERZ SCHLÄGT FÜR BONN,

EINE LIEBESERKLÄRUNG AN DIE STADT.

ORGELBAU JOHANNES KLAIS BONN, WERKSTATTFÜHRUNGEN

➳ Eine Führung durch die Werkstatt ist äußerst spannend. Möchte man teilnehmen, dann sollte man sich frühzeitig anmelden, Informationen dazu gibt es auf der Internetseite. Bei einer Führung lernt man die unterschiedlichen Teile der Werkstatt kennen, zum Beispiel die Gießerei und die Schreinerei. In der Gießerei wird Zinn auf lange Tische mit einer speziellen hitzebeständigen Schutzdecke gegossen. Daraus entstehen Zinnplatten, die zu Pfeifenkörpern gerundet und anschließend gelötet werden. In der Schreinerei entstehen Windladen und Holzpfeifen. Der Betrieb ist in einem hübschen Werkstattgebäude in der Bonner Kölnstraße ansässig. Seit 1882 und inzwischen in der vierten Generation werden hier Orgeln für Kirchen und Konzertsäle auf der ganzen Welt gebaut. Doch als Bonner muss man gar nicht weit reisen, um sich an dem Klang einer Klais-Orgel erfreuen zu können.

EINEN ZAUBERHAFTEN SAMSTAG VERBRINGEN

ZAUBER KELLERHOF

Am Buschhof 24, 53227 Bonn
www.zauberkellerhof.de
ÖPNV: Haltestelle Bonn Oberkassel Nord

Wer würde nicht gerne seinen Lieblingsmenschen mit einer kreativen Idee für ein gemeinsames Erlebnis bezaubern? Das gelingt, wenn man ihn zu Zauber Kellerhof in Bonn-Oberkassel mitnimmt. Dieses Fachgeschäft für Zauberartikel besteht bereits seit 1953. Jeden Samstag werden die Türen des unscheinbaren Hauses zwischen 10 und 13 Uhr geöffnet, und es geschehen magische Dinge am laufenden Band.

Unzählige Hobby- und Profizauberer waren schon hier, haben sich Inspiration für ihre Auftritte geholt und neue Zauberartikel gekauft. Im Lager findet man eine schier unglaubliche Anzahl davon, viele mit amüsanten Namen wie beispielsweise Kleiderbügel-Verkettung, Geisterschlüssel, Dalmatiner-Tücherset oder Quietschender Salzstreuer. Und es kommen immer wieder neue Zauberartikel hinzu! Alle wurden vor der Aufnahme ins Sortiment sorgfältig getestet. Bei Zauber Kellerhof geht kein minderwertiger Artikel über den Ladentisch.

Vorführungen ergänzen die fachkundigen Beratungen. Die allermeisten Tricks sind für Laien nicht zu durchschauen, und so kann man nach dem Besuch des Zauberstudios noch eine Weile mit dem Lieblingsmenschen fachsimpeln: »Wie haben die das bloß gemacht, kannst du es dir erklären?«

Am darauffolgenden Sonntagmorgen dann die Überraschung – das Ei im Eierbecher lässt sich nicht aufklopfen, das Entzünden der Kerze mit den Streichhölzern gelingt nicht, und auch sonst ist im Haushalt so einiges durcheinandergeraten! Nachdem man sich erstaunt eine Weile mit Ei und Streichhölzern abgemüht hat, schaut man den Lieblingsmenschen an – auf seinem Gesicht ein Lächeln, wie hingezaubert. Da fällt einem siedend heiß ein, wo man gestern war – und man bricht in schallendes Gelächter aus.

SICH ZU ZWEIT VON ARTISTIK BEGEISTERN LASSEN

GOP VARIETÉ-THEATER

Karl-Carstens-Straße 1, 53113 Bonn
www.variete.de/bonn
ÖPNV: Haltestelle Bonn Heussallee/Museumsmeile

Eng aneinandergekuschelt auf einem roten Plüschsofa Artistik-Abenteuer erleben und dabei immer wieder die Luft anhalten, weil die Kunststücke so atemberaubend sind. Ohne Seil und doppelten Boden stürzen sich die Artisten kopfüber eine Stange hinunter und stoppen erst ganz kurz vor dem harten Boden ab. Sie hantieren gekonnt mit Tüchern, Ringen und Hula-Hoop-Reifen, und bei manchen Shows werden zwischendurch humoristische Einlagen geboten, um den Zuschauern eine Verschnaufpause zu gönnen. Die Artisten scheinen sie nicht zu brauchen, sie führen auch die schwierigsten Übungen mit einem Lächeln auf dem Gesicht aus.

Das Bonner GOP Varieté-Theater ist nicht das einzige seiner Art in Deutschland, aber es ist eines der größten. Und es kann mit weiteren Besonderheiten aufwarten: In dem riesigen Komplex gibt es neben dem Varieté-Theater eine Piano-Bar, die für exklusive Veranstaltungen gebucht werden kann, und ein Restaurant, in dem auch anspruchsvolle Gaumen Genuss erleben. Die schöne Lage inmitten des ehemaligen Regierungsviertels direkt am Rhein, unweit der Rheinaue, macht es auch attraktiv für ein Wochenendprogramm, das um den Besuch einer Vorstellung herum gestrickt werden kann.

Für solch ein besonderes Wochenende kann eine Übernachtung im Marriott Hotel gebucht werden, den Sonntagsbrunch nimmt man dann zwischen 11 und 14 Uhr im Restaurant Leander im GOP ein und besucht gleich im Anschluss die 14-Uhr-Vorstellung. Danach lockt die Museumsmeile, und am Abend genießt man den Blick über Bonn, den Rhein und das Siebengebirge aus der 17. Etage des Hotels, von Konrad's Skybar, mit einem Cocktail in der Hand.

DAS LIEBLINGSMINERAL KÜREN

MINERALOGISCHES MUSEUM

Meckenheimer Allee 169, 53115 Bonn
mineralogisches-museum.uni-bonn.de
ÖPNV: Haltestelle Bonn Am Botanischen Garten

Es gibt Minerale, die entzücken durch ihr Aussehen. Sie glitzern und funkeln, haben spektakuläre Einschlüsse, wunderschöne Farben, manche sogar feine Härchen. Andere faszinieren durch die Anhäufung beeindruckender Zahlen wie beispielsweise das Tigerauge: 150 Kilogramm schwer, zwei Meter lang, zweieinhalb Milliarden Jahre alt, über 13.000 Kilometer von Westaustralien bis nach Bonn gereist und durch eine Spendenaktion, die die benötigten 25.000 Euro erbrachte, in den Besitz des Museums gelangt. Und dann gibt es die Minerale, die außergewöhnliche und lustige Namen tragen: Krauskopfit, Blödit, Stolzit, Endlichit.

Der Blödit wurde – auch wenn einem vielleicht zunächst anderes in den Sinn kommen mag – nach dem Chemiker Karl August Blöde benannt, der Krauskopfit nach Professor Konrad Bates Krauskopf. Mineralnamen sind keineswegs einheitlich, werden nicht nach Familien, Gattungen und Arten geordnet, ihre Bezeichnungen entstammen den verschiedensten Bereichen. Und so liest man auf den teilweise noch in schnörkeliger Handschrift beschriebenen Etiketten immer wieder amüsante Namen.

Hinter welcher Tür, in welchem Ausstellungssaal des Mineralogischen Museums, einem der bedeutendsten Museen seiner Art in Deutschland, das über 60.000 Objekte besitzt und circa 6.000 davon ausstellt, versteckt sich wohl das Lieblingsmineral? Soll es ein eher unscheinbares Stück werden, das aber dennoch große Strahlkraft

Torbernit
(Kupferuranglimmer)
auf Quarz
Steinbach b. Johann-
georgenstadt, Sachsen
Inv.-Nr.70205

besitzt und zu dem es eine interessante Geschichte gibt? Dann wird es der Uranwürfel, einer von inzwischen nur noch circa zehn verbliebenen Würfeln von ursprünglich 659, die im Rahmen des Uranprojektes der Nationalsozialisten für Experimente genutzt wurden.

Oder soll es ein Stück Himmel sein – ein Meteorit, ein Bote aus dem All? Er würde vorrangig mit Alter und Herkunft punkten, mehr als mit spektakulärem Aussehen. Stellt man sich aber vor, dass er einst als Sternschnuppe zu sehen war, kann er durchaus romantische Assoziationen hervorrufen. Das Mineral der Wahl kann aber natürlich auch ganz aus der Nähe stammen – wie der Siegburgit. Man kann sogar beides miteinander verbinden, Nähe und Entfernung – dann ernennt man den Forsbach Meteorit zu seinem Favoriten. Dieser ist nach einer weiten Reise ganz in der Nähe von Bonn vom Himmel gefallen: in Forsbach bei Hoffnungsthal.

Vielleicht soll es aber auch ein fluoreszierendes Mineral sein? Oder ein Edelstein, ein Rubin oder ein Smaragd, ungeschliffen oder durch einen speziellen Schliff in eine besonders ansprechende Form gebracht? Wofür man sich auch entscheidet, es ist ein interessantes Spiel und lenkt den Blick auf eine ungewöhnliche Art und Weise. Wer mag, lässt den Lieblingsmenschen raten, wofür man sich entscheiden wird. Wie gut kennt er einen? Danach spielt man es andersherum: Wie gut kennt man selbst den Lieblingsmenschen und seinen Geschmack?

Eine Führung durch das Museum ist unbedingt empfehlenswert. Hierbei kann man sich auch Themenschwerpunkte wünschen. Für jedes Alter werden passende Führungen angeboten. Kinder können bei einer spannenden Rallye auf Entdeckungsreise durch das Museum gehen. Besonders für Kinder sind die Stationen konzipiert, bei denen etwas ausprobiert werden darf. Und wer weiß – vielleicht entscheidet sich der kleine Lieblingsmensch ja auch für ein Alltagsprodukt aus dem Ausstellungsbereich »Heavy Metal. Minen-Minerale-Metalle«, welches es ohne Erze nicht geben würde.

BESONDERE KUNST-ORTE IN BONN

Im Kulturzentrum **KULT41** – Kulturförderverein Nordstadt e.V., finden Konzerte, Lesungen, Ausstellungen und Theatervorstellungen statt. Jeden Donnerstag ab 20 Uhr gibt es beim offenen Treff »Tumult61« die Gelegenheit, das Kult41 kennenzulernen, sich die aktuelle Ausstellung anzusehen, Kicker zu spielen, ins Gespräch zu kommen. Wer eine kulturelle Veranstaltung plant, findet hier Ansprechpartner und Gleichgesinnte. Die Treffen der Organisatoren nennen sich hier übrigens »Chefsalat«.

In der **Fabrik45**, unweit des KULT41, findet jedes Jahr an einem Wochenende die CheapArt statt. Dabei kann man Werke – Gemälde, Collagen, Fotografien, Skulpturen – von über 50 nationalen und internationalen Künstlern betrachten und auch erwerben, die Preisspanne liegt zwischen 10 und 1.000 Euro. Die Kunstwerke der CheapArt Sensation bezahlt man bar und kann sie gleich mitnehmen. Die der CheapArt Deluxe dürfen auch angezahlt und später abgeholt werden. Die Fabrik45 ist alljährlich beim Macke Viertel Fest geöffnet, außerdem finden hier ganzjährig die verschiedensten Ausstellungen statt.

In der **KunstBRENNEREI** arbeiten mehrere Künstler an einem Ort. Die Türen werden zu Ausstellungen, Lesungen und Konzerten geöffnet. Bei den Offenen Ateliertagen in der Altstadt hat man Zutritt, ebenso bei der Benefiz-Kunstversteigerung jedes Jahr am ersten Samstag im Advent. Man darf die Künstler auch direkt anschreiben und sich gegebenenfalls privat die Räumlichkeiten ansehen und vielleicht sogar bei der Entstehung eines Kunstwerkes zugegen sein.

EIN KUNSTWERK LEIHEN

ARTOTHEK

Hochstadenring 22, 53119 Bonn
www.bonner-kunstverein.de
ÖPNV: Haltestelle Bonn Frankenbad/Kunstverein

Sie beeinflussten und inspirierten sich, indem sie und ihre Werke miteinander in Dialog traten. Die Rede ist von Künstlerpaaren und von ihrer Kunst. Ihre Verbundenheit, sei es nun Liebe oder Freundschaft, hatte Auswirkungen auf ihre Kunst.

Nun muss man nicht gemeinsam mit dem Lieblingsmenschen Werke von Weltruhm schaffen – wie wäre es aber, sich ein Kunstwerk auszuleihen, vielleicht sogar ein Unikat? Die Artothek im Bonner Kunstverein verfügt über Druckgrafiken, Fotografien, Zeichnungen und Malereien. Hier finden sich Werke regionaler, nationaler und internationaler Künstler und Künstlerpaare wie Bernd und Hilla Becher oder Niki de Saint Phalle, die zeitweise mit Jean Tinguely ein Künstlerpaar bildete. Außerdem Werke von Joseph Beuys, Marlene Dumas, Isa Genzken, Nan Goldin, Rebecca Horn, Sigmar Polke und viele mehr.

Der Gedankenaustausch beginnt schon bei der Auswahl des Bildes und setzt sich im heimischen Wohnzimmer fort. Was sehe ich in dem Bild, was siehst du? Welche Assoziationen hast du, welche Erinnerungen weckt es? Ist man irgendwann der Ansicht, dass das Bild keine neuen Anregungen mehr bietet, dann bringt man es zurück und leiht ein neues aus.

Um ein Kunstwerk ausleihen zu dürfen, muss man Mitglied im Bonner Kunstverein sein. Dann hat man Zugriff auf eine Datenbank, in der einige der 2.000 Werke inklusive Beschreibung zu finden sind. Vor Ort kann man unter den an Schiebewänden befestigten Bildern seinen Favoriten wählen. Die Werke sind ein Spiegel der künstlerischen Strömungen von 1960 bis heute.

EINEN KRITZEL-COMEDY-ABEND MIT MICHA MARX ERLEBEN

HAUS DER SPRINGMAUS, KULT41, KUNSTBRENNEREI, PANTHEON

www.micha-marx.de

Gute Aussichten auf das Prädikat Lieblingsmensch hat jemand, der einen ähnlichen Humor hat wie man selbst. Wer mit einem anderen Menschen schon mal Tränen gelacht hat, fühlt sich ihm danach viel enger verbunden. Beim Bühnenprogramm von Micha Marx stehen die Chancen auf einen gemeinsamen Lachanfall sehr gut.

Der Wahl-Rheinländer aus dem Schwabenland zeichnet charakteristische Figuren, wirft sie mithilfe eines Beamers groß an die Wand und erzählt dazu Geschichten. Dabei greift er auf eigene Erfahrungen zurück – zum Beispiel wie es ist, Mitte 30 zu sein, und alle um einen herum haben Weber-Grills, Tischstaubsauger und Rasenmähroboter, und man selbst kritzelt die wildesten Sachen. Oder er beschäftigt sich mit aktuellen Themen wie beispielsweise Nachhaltigkeit.

Seine Figuren sind frech und sympathisch, und seine Geschichten überraschen mit witzigen Wendungen. Inzwischen ist er mit seinem Programm in ganz Deutschland unterwegs, ein Auftritt auf einer Pferde-Rennbahn ist ihm dabei besonders in Erinnerung geblieben. Seine ersten Schritte auf der Bühne aber machte er im Bonner Kulturzentrum »Kult41«, und in Bonn tritt er auch immer wieder an verschiedenen Orten auf.

Ob bei seinem Programm »Vom Leben gezeichnet« oder bei »Lauchangriff« – der studierte Grafikdesigner findet immer die richtigen Worte zu seinen Zeichnungen. Der Schalk sitzt ihm stets im Nacken, und man merkt ihm an, dass ihm die Bühnenauftritte selbst auch großen Spaß machen. Und so schließt sich der Kreis von der Freude beim Auftritt zum Lachen beim Zuschauer.

DAS KAPITALISTENSCHWEIN KÜREN

KUNST GEGEN BARES

www.brotfabrik-theater.de

Niemand möchte sich wohl gerne »Kapitalistenschwein« nennen lassen. Doch es gibt eine vergnügliche Ausnahme: Denn bei der Kleinkunstshow »Kunst gegen Bares« (KGB) ist dieses Wort sogar ein Ehrentitel und bedeutet, dass man in der Gunst des Publikums ganz oben steht. Wer sich bei KGB auf der Bühne präsentiert, bekommt ein Sparschwein zugewiesen. Nach den Auftritten dürfen die Zuschauer Geld in das Sparschwein ihres Lieblingskünstlers stecken. Wer am meisten Geld in seinem findet, bekommt dann den begehrten Titel »Kapitalistenschwein des Abends« verliehen.

Ob Fuß-Jonglage, ein Striptease auf einem Einrad zu Burlesque-Musik oder ein spontaner Freestyle-Rap zweier Künstler – bei KGB wird es auch für den Lieblingsmenschen nicht langweilig. Vom Anfänger bis zum Profi, von Akrobatik über Comedy und Musik bis Zauberei – die Darbietungen bei KGB sind abwechslungsreich und garantieren einen unterhaltsamen Abend, der sicher noch eine Weile Lieblingsmenschen-Gesprächsstoff liefern wird.

Erfunden wurde KGB unweit von Bonn in Köln von Gerd Buurmann. Inzwischen gibt es die Show in über 40 deutschen Städten und auch im Ausland. Eine Grundregel lautet: Respekt den Künstlern gegenüber, auch wenn der Auftritt nicht so ganz gelungen scheint. Manchmal ist es schlicht das Lampenfieber, das die Pointen verdirbt. Für einen solchen Fall gibt es das »Alle-Schwein«. Darin wird für alle Künstler des Abends gesammelt, und so muss niemand mit leeren Händen nach Hause gehen. Immer am ersten Mittwoch des Monats findet KGB in der beliebten »Brotfabrik« in Bonn-Beuel statt.

GEMEINSAM IN DEN STERNENHIMMEL SCHAUEN

VOLKSSTERNWARTE BONN/ALTE STERNWARTE BONN

Poppelsdorfer Allee 47, 53113 Bonn
www.volkssternwarte-bonn.de
ÖPNV: Haltestelle Bonn Poppelsdorfer Allee

Der Astronom Friedrich Wilhelm August Argelander wurde auf seinem Lebensweg von wohlwollenden Menschen begleitet. Den Begriff Lieblingsmensch hätte man im 19. Jahrhundert zwar sicher noch nicht gewählt – doch genau das trifft es, denn sie waren ihm in herzlicher Sympathie zugetan. Der einflussreichste war ohne Zweifel der Kronprinz und spätere preußische König Friedrich Wilhelm IV. Die beiden hatten sich in der Kindheit kennengelernt, waren Freunde geworden und sind es geblieben.

Argelanders organisatorisches Geschick und seine hohe wissenschaftliche Reputation machten ihn 1836 zum bevorzugten Kandidaten für die Neubesetzung des Lehrstuhls für Astronomie der Universität Bonn. Argelander folgte dem Ruf unter der Zusicherung des preußischen Staates, den Aufbau eines modernen astronomischen Instituts zu gewährleisten. Argelander wusste sich bei den Verhandlungen nicht zuletzt der Unterstützung seines Jugendfreundes Friedrich Wilhelm sicher. Auch ein anderer Namensvetter – Friedrich Wilhelm Bessel – war ein wichtiger Wegbegleiter. Dieser Lehrer und väterliche Freund förderte ihn; mit ihm gemeinsam begann er die Messung von Sternpositionen.

Für sein großes Projekt – die »Bonner Durchmusterung« – brauchte Argelander die Unterstützung von Förderern, Mitarbeitern und Studenten; allein wäre dies von ihm nicht zu stemmen gewesen. Denn mit der Erstellung eines Sternenkatalogs, in dem die Positionen und

Helligkeiten von über 300.000 Sternen niedergelegt werden sollten, hatte er sich ein Mammutprojekt vorgenommen. Sieben Jahre lang beobachteten er und seine Mitarbeiter in klaren Nächten den Himmel. Zwischen 1852 und 1859 wurde ein großer Teil des von Bonn sichtbaren Sternenhimmels mindestens zweimal vermessen; die Zahl der Messungen summierte sich auf über eine Million.

Grob vereinfacht gingen die Messungen so vonstatten: Ein Astronom saß in völliger Dunkelheit auf einem Beobachterstuhl und schaute durch ein Teleskop in den Himmel. Einen Stock tiefer saß ein Mitarbeiter, der die ihm zugerufenen Daten mit der sekundengenauen Ausrufzeit notierte. Diese Arbeitsweise ist heute, mit dem Fortschritt der Technik, kaum noch vorstellbar. Doch diese Leistung, die die Beteiligten an ihre Belastungsgrenze brachte, ergab ein Werk, das zur weltweiten Anerkennung Argelanders führte – ermöglicht durch die gemeinsame Anstrengung aller beteiligten Mitarbeiter.

Von den Mühen Argelanders und seiner Mitstreiter spürt man nichts, wenn man sich an einem Montagabend ab 18:30 Uhr gemeinsam mit dem Lieblingsmenschen in die Volkssternwarte Bonn begibt. Vielleicht ist man durch die Argelanderstraße hierhin gekommen, um einem der spannenden Vorträge zu lauschen, die von den ehrenamtlich Tätigen organisiert werden. Da gab es schon einen Vortrag zu dem Projekt, bei dem Radioantennen auf der ganzen Welt zu einem virtuellen astronomischen Teleskop von der Größe der Erde kombiniert wurden. Dadurch wurde es 2019 möglich, das erste Bild des supermassiven Schwarzen Lochs in der Galaxie Messier 87 zu erhalten.

In einer klaren Nacht kann der Blick durch das Teleskop aber auch sehr romantisch sein – eine kreative Idee für ein Rendezvous mit dem Lieblingsmenschen. Und wer weiß – vielleicht schafft man es ja genau mit diesem Menschen sogar bis zum 44. Hochzeitstag, bis zur sogenannten Sternenhochzeit!

BRITISCHEM LEBENSGEFÜHL NACHSPÜREN: AFTERNOON TEA IN BONN UND UMGEBUNG

➤ **»Borgers«**, Konstantinstraße 64, 53179 Bonn
Es wird gemütlich und britisch. Serviert werden erlesene Teesorten, ein Glas Secco und auf einer Etagere eine ganze Reihe von typischen Leckereien aus dem Vereinigten Königreich. Nach Absprache freitags von 14:30 bis 17:30 Uhr.

➤ **»The Robin Hood Inn«**, Bahnhofstraße 12, 53560 Vettelschoß
Es werden Spezialitäten aus der englischen Küche wie Scones und Clotted Cream, Sandwiches, Cornish Pasties, Carrot Cake und Victoria Sponge Cake serviert.

➤ **»Die Insel«**, Theaterplatz 5–7, 53177 Bonn
Hier darf zu viert am fein gedeckten Tisch eine klassische englische Teatime zelebriert werden. Täglich von 15 bis 18 Uhr, nur auf Vorbestellung möglich.

➤ **»Steigenberger Grandhotel Petersberg«**, Petersberg, 53639 Königswinter
Den High Tea kann man entweder mit einem Glas Champagner oder Kir Royal (Lady's High Tea) oder einem Brandy, Cognac oder Single Malt (Gentlemen's Tea) abrunden. Jeden Sonntag von 15 bis 18 Uhr.

➤ **»Cosy Corner 1717«**, Hauptstraße 380, 53639 Königswinter
Hier kann man in der »gemütlichen Ecke« neben anderen britischen Klassikern auch einen Afternoon Tea einnehmen.

AMERIKANISCHEM LEBENSGEFÜHL NACHSPÜREN

BONN CAPITALS

Martin-Luther-King-Straße 35, 53175 Bonn
www.capitals.de
ÖPNV: Haltestelle Bonn Rheinaue

»Bonn ist meine Lieblingsstadt!« Das sagen nicht nur viele Ur-Bonner, das sagen auch mehrere internationale Spieler des Baseballbundesligisten Bonn Capitals. Darum haben sie Bonn auch als ihre neue Heimat auserkoren. Sie kommen aus Australien, Neuseeland und den Vereinigten Staaten von Amerika und spielen bereits seit fast einem Jahrzehnt in der Rheinaue Baseball. Bonn hat ihnen Glück gebracht – vielleicht liegt es auch an den wie in einem vierblättrigen Kleeblatt angeordneten Spielfeldern. Die Capitals sind sehr erfolgreich, sie spielen in der 1. Baseball-Bundesliga.

Es ist schon ein bisschen in Vergessenheit geraten – doch auf den Zuschauerrängen kann man es noch spüren: das amerikanische Lebensgefühl in Bonn. Häufig hört man in englischer Sprache geführte Gespräche, die Atmosphäre ist familiär, die Stimmung ausgelassen. In der Mitte des »Kleeblattes« befindet sich ein Verkaufsstand, und hier wird es noch mal richtig amerikanisch: Vor und während der Spiele wird gegrillt, es werden Hotdogs und Burger verkauft.

Wer ein Spiel der Capitals besucht, der wird höchstwahrscheinlich durch die »Amerikanische Siedlung«, offiziell »HICOG-Siedlung Plittersdorf«, kommen. Sie wurde Anfang der 1950er Jahre für Mitarbeiter der US-amerikanischen Hochkommission (HICOG) errichtet. Ein Blickfang ist die Stimson Memorial Chapel, errichtet im neuenglischen Stil. Sie steht, wie die gesamte Siedlung, als Baudenkmal unter Denkmalschutz.

RÄUME GESTALTEN

KÜNSTLERKOLLEKTIV »FREETERS«

Lievelingsweg 82, 53119 Bonn
www.freeters.de
ÖPNV: Haltestelle Bonn Gerhardsplatz

Ein Raum, der inspiriert, ein Raum, in dem inspirierende Räume geschaffen werden – das ist der »Magic Ground«, Arbeits- und Kreativort des Bonner Künstlerkollektivs »freeters«. Diesen Ort kann man besuchen, betrachten, sich mit den Künstlern austauschen und die Kraft spüren, die von ihrer Gemeinschaft ausgeht. Die Idee, dass ein Kollektiv, bestehend aus Künstlern der verschiedensten Disziplinen, einen Mehrwert schaffen kann, ist bisher nicht sehr verbreitet. Im Jahr 2015 wurde Ruangrupa, ein Künstlerkollektiv aus Indonesien, ausgewählt, die documenta fifteen zu kuratieren. Ruangrupa bedeutet »Kunst-Raum« oder »Raum-Form« – die Verbindung zu den freeters wird sofort augenscheinlich, da sich beide Künstlergruppen mit dem Phänomen Raum in all seinen Facetten befassen.

Die freeters laden gerne andere Künstlergemeinschaften zu sich ein. Außerdem stellen sie ihre Halle Unternehmen zur Verfügung, die in inspirierender Umgebung arbeiten und ihre Denkrunden hier abhalten möchten. Den Kontaktpunkt zwischen Kunst und Arbeit haben sie perfektioniert und möchten andere an dieser erfolgreichen Symbiose teilhaben lassen. Die freeters sehen Räume als Werkzeuge; Räume nehmen Einfluss auf das, was geschieht. Sie erschufen bereits für mehrere namhafte Unternehmen Räume, häufig Raum-in-Raum-Lösungen für verschiedene Zwecke: Konferenzräume, Ideenschmieden, Aufenthalts- und Rückzugsbereiche. Untereinander pflegen sie eine Kultur des gemeinschaftlichen Lebens, sie kochen und essen gemeinsam.

Bei der jährlichen Veranstaltung OPEN begrüßen sie Besucher in ihrer Halle, andere Künstler dürfen dann auch hier ausstellen. Es wird

getanzt, gegessen, Musik gespielt – und jeder darf selbst kreativ werden. Neben dem Magic Ground haben sie in der Maxstraße 55 einen Ausstellungsraum, in dem sie wechselnde Ausstellungen zeigen. Aufsehenerregend war ihre Gemeinschaftsarbeit, bei der sie ihr Kollektiv erweiterten und dazu einluden, den Ausstellungsraum zu einer Raumskulptur aus 5,5 Millionen zu 100 Prozent biologisch abbaubaren Bügelperlen zu machen. Dieser UNBEADABLE.SPACE brachte Kunst zurück in die analoge Welt, aus Pixeln wurden Perlen. Der so gestaltete Raum ist gleichzeitig »Cloudchamber 9« der Cloudchamber-Serie der freeters. Andere Cloudchamber-Raumgestaltungen in der Maxstraße 55 waren, korrespondierend mit den Werken Bonner Künstler verschiedener Disziplinen, »Ludwig van or partitura dei listelli« zum Beethoven-Jubiläumsjahr 2020 oder »Walterchens Spielsachen«, inspiriert vom gleichnamigen Gemälde von August Macke zum August Macke Fest.

Das Künstlerkollektiv freeters legt Wert auf Nachhaltigkeit und verwendet für seine Projekte häufig ausrangierte Dinge – diese werden umgebaut zu identitätsstiftenden Gegenständen. Lang vergessene Stühle aus den weitläufigen Kellern der Koelnmesse wurden neu gestaltet und wieder in den Messeräumen aufgestellt. Dabei wurden Potenziale entdeckt und entwickelt – ein wichtiger Aspekt der Arbeit der freeters. Künstlerische Freiheit und funktionale Gestaltung stehen bei ihnen nicht in einem Gegensatz zueinander, im Gegenteil. Sie sind Künstler im angewandten Bereich, füllen nutzbare Räume, machen sie interaktiv, hauchen vergessenen und verbannten Gegenständen neues Leben ein.

NACHHALTIGE MODE IN BONN KAUFEN (LAUT EINKAUFSRATGEBER VON FEMNET 100 PROZENT FAIR UND 100 PROZENT ÖKO)

- **kiss the inuit,** Friedrichstraße 58, 53111 Bonn
- **Rednib,** Friedrichstraße 52, 53111 Bonn: ein Bonner Kind, gegründet von den Brüdern Binder (Rednib umgekehrt)
- **Alma & Lovis:** ebenfalls ein Bonner Kind, verkaufen online und in ausgewählten Geschäften
- **Maas Natur,** Bonngasse 23, 53111 Bonn
- **Zauberland,** Kasernenstraße 2, 53111 Bonn
- **Der Babyschlafsack,** Bonner Talweg 48, 53113 Bonn
- **Kinderzimmer,** Kaiserstraße 1b, 53113 Bonn
- **Kinderzimmer,** Friedrich-Breuer-Straße 62, 53225 Bonn
- **Engelchen Flieg,** Königswinterer Straße 704, 53227 Bonn

ALLE UNTER EIN DACH BRINGEN

»QUATSCH KEINE OPER« THEATER-BONN - OPERNHAUS

Am Boeselagerhof 1, 53111 Bonn
www.quatschkeineoper.de
ÖPNV: Haltestelle Bonn Opernhaus

Es mutet an wie der spannungsgeladene Auftakt zu einem filmreifen Ereignis. Ein Tourbus hält am Bonner Rheinufer, die Türen öffnen sich, und elegant gekleidete Menschen perlen heraus. Manche von ihnen tragen etwas auf ihrem Rücken, anderen halten etwas in der Hand. Sie bewegen sich zielstrebig, immer darauf bedacht, nicht zu viel Aufmerksamkeit zu erregen. Die Aura des Geheimnisvollen umweht sie – es sind keine Touristen, die für einen schlichten Stadtbummel nach Bonn gekommen sind. Dafür ist die Uhrzeit auch schon zu weit vorangeschritten, es geht bereits gegen Abend. Bald erreichen sie ihr Ziel, die Bonner Oper.

Mag sein, dass die Schilderung dieser Vorkommnisse ein wenig von der Phantasie beflügelt wurde. So ähnlich hat es sich aber tatsächlich zugetragen, als Max Mutzke im Rahmen der Veranstaltungsreihe »Quatsch keine Oper« die Mitglieder der SWR Big Band als Überraschungsgäste eingeladen hatte. Damit niemand die Band an der großflächigen Aufschrift an ihrem Bus zu früh erkennen würde, musste dieser Trick angewandt werden. Seit 2003 findet die Veranstaltung des Theaters der Stadt Bonn im Opernhaus statt.

Die verschiedensten Künstler – Kabarettisten, Komiker, Musiker – werden eingeladen, um sich an diesem für ihr Format ungewöhnlichen Ort einem Publikum zu präsentieren, das oftmals das erste Mal ein Opernhaus besucht. Hemmschwellen abbauen – genau das war die Idee von Rita Baus, die seit Beginn die künstlerische Leitung innehat, als der damalige Generalintendant Klaus Weise sie anrief und ihr eröffnete, dass er ein jüngeres Publikum in die Oper bringen wolle. Die Idee erwies sich als richtungsweisend und sorgt regelmäßig für ein volles Haus. Wiederkehrende Künstler der Reihe QKO! sind unter anderen Gerburg Jahnke, Hagen Rether, Ulrich Tukur & die Rhythmus Boys, Atze Schröder, Matthias Brandt & Jens Thomas, Joachim Meyerhoff, Tommy Engel & Band.

DIE TELEKOM BASKETS MIT »DEFENSE«-RUFEN UNTERSTÜTZEN

TELEKOM DOME

Basketsring 1, 53123 Bonn
www.telekom-baskets-bonn.de
ÖPNV: Haltestelle Bonn Basketsring

»In allen vier Ecken soll Liebe (oder Freundschaft) drin stecken!« – Wer erinnert sich nicht an diesen Poesiealbum-Spruch?

Ein schönes gemeinsames Erlebnis mit dem Menschen, mit dem man Interessen teilt, könnte ein Besuch im Telekom Dome auf dem »Heartberg« (eigentlich heißt der Stadtbezirk »Hardtberg«) sein. Auf dem »Herzensberg« herrscht regelmäßig ansteckend ausgelassene Stimmung, und das nicht nur bei den Spielen der Telekom Baskets Bonn gegen die drei großen »Bs« – Berlin, Bayern und Bamberg – oder beim legendären Karnevalsspiel, bei dem alle Zuschauer verkleidet kommen und das Bonner Prinzenpaar höchstselbst das Spiel verfolgt.

Gute Laune bekommt man auch bei jedem anderen Spiel. Und dann gibt es die zahlreichen lustigen Einlagen während der Spielpausen – zum Beispiel durften Kinder schon in Schuhen der Schuhgröße 50 herumlaufen und mussten so versuchen, einen Korb zu erzielen.

Um auf den eingangs erwähnten Poesiealbum-Spruch zurückzukommen: Im Telekom Dome kann man mit ihm – zugegeben, in etwas abgewandelter Form – beim Lieblingsmenschen noch zusätzlich für Begeisterung sorgen. Er lautet dann: In allen vier Ecken soll ein Bierchen drin stecken! In allen vier Ecken der Halle kann man sich nämlich mit einem kühlen Bier versorgen.

13
21

EINEN MAIBAUM STELLEN LASSEN

MAIBAUMVERKAUF

www.maibaum-bonn.com

Der schöne Brauch, dem geliebten Menschen einen Maibaum zu stellen, ist besonders im Rheinland weit verbreitet. Hat dieses Unterfangen junge Männer – und in Schaltjahren auch junge Frauen – früher oft vor große Hindernisse gestellt, ist es seit einigen Jahren in Bonn nun ein Leichtes, seinen Schatz mit einem Maibaum zu beglücken: dank des Engagements der Brüder Silas und Jonathan Kolb, die Rundum-sorglos-Pakete für Verliebte schnüren. Bei ihnen kann man wählen, ob man den Baum abholen und selbst stellen oder ob man ihnen die komplette Arbeit überlassen möchte: Baum aussuchen, transportieren, mit Krepp-Papier schmücken, mit einem roten Herz inklusive Namenszug versehen, stellen. Arbeit ist hierbei jedoch nicht das richtige Wort, denn es macht ihnen großen Spaß, die fröhlichen Gesichter zu sehen und in einer wohlorchestrierten Sinfonie alles rund um den Liebesbrauch zu organisieren.

Wie eine Schnitzeljagd gestaltet sich zuweilen die Suche nach der korrekten Hausseite, nach der richtigen Regenrinne zum Anlehnen der Bäume. Die Auftraggeber schicken zwar vorab Fotos – doch in der Dunkelheit der Nacht ist die Stelle dennoch manchmal schwer zu finden. Inzwischen haben die Brüder bereits viele zufriedene Stammkunden und überlegen zu expandieren. Auch andere Angebote, die einen ähnlichen Kundenstamm ansprechen, sollen bald zum Portfolio gehören: Geschenke zum Muttertag, zum Valentinstag, zum Jahrestag. Ebenso wird überlegt, wie man die Birken nach der Abholung sinnvoll und nachhaltig weiterverwerten kann.

PAUL

BONNER BRAUCHTUM

Eierkrone

Jedes Jahr im Mai gehen die Junggesellenvereine in Küdinghoven und in Vilich-Müldorf auf Eiersuche für ihre Eierkronen. Die beeindruckenden Konstrukte aus ausgeblasenen Eiern werden nach Anfertigung an zentraler Stelle aufgehängt. Das Ereignis wird gerne mit einem kleinen Festakt begangen, mancherorts passenderweise mit einem Eierkuchenfest.

Beueler Weiberfastnacht

Eine Bonner – oder besser gesagt Beueler – Tradition ist die Beueler Weiberfastnacht. Nur in Beuel gibt es die Wäscheprinzessin. Beueler Wäscherinnen schlossen sich 1824 zusammen, um eine Teilnahme an der männlich dominierten Karnevalsfeier zu erstreiten. Die Rathauserstürmung wird bis heute groß begangen.

Beim **Karneval in Lannesdorf** wird beim Karnevalsumzug Gemüse geworfen. Der **Gemüsezug** wurde vor etwa einem halben Jahrhundert erfunden. Die Landwirte hatten nur das im eigenen Garten angebaute Gemüse zum Werfen. Das war zwar anderswo ähnlich, in Lannesdorf wird diese Tradition aber bis heute besonders gepflegt. Und ist es an Karneval bitterkalt, dann ist eine wärmende Gemüsesuppe am Abend genau das Richtige.

Elefantenrennen

Tradition hat inzwischen auch schon das »Elefantenrennen« des Wassersportvereins Blau-Weiß-Bonn auf dem Rhein bei Graurheindorf. Hierbei treten verkleidete Teams gegeneinander an und versuchen, ihre Kanadier möglichst schnell und unfallfrei über die Strecke zu bringen.